中国人的智慧

易中天 著

云南人民出版社

果麦文化　出品

目录

周易的启示

金字塔和昆仑山

讲中国人的智慧，为什么要从《周易》开始呢？我先讲一个故事。1798年7月，拿破仑率领他所向披靡的远征军来到了埃及。当他们在吉萨高原壮丽的晚霞下，亲眼看见那海一般辽阔、夜一般寂静的土地上，那些默默无言巍然矗立的金字塔的时候，几乎所有的人都被震撼了。他们不由自主地停下了脚步，甚至放下了武器。拿破仑，这位被黑格尔称为具有"骑在白马上的时代精神"的英雄，也按捺不住内心的激动，以一种发自内心的崇敬，庄严地对他的远征军说：士兵们，四千年的历史正从这金字塔上看着你们！

这个时候，谁不会肃然起敬呢？

这个时候，谁又能无动于衷呢？

这，恐怕就是古老文明的魅力了。

我们今天要讲的《周易》，就是这样一种古老的文明。可以说，**它就是我们民族精神文明的"金字塔"，是我们民族最早的智慧结晶**。早到什么程度呢？比古埃及的金字塔大约晚六百年，但比"**轴心时代**"早。什么叫"轴心时代"？轴心时代是德国哲学家雅斯贝尔斯的概念，也翻译为"枢纽阶段"。雅斯贝尔斯说，公元前800年至公元前200年，世界上几个重要的文明民族都出现了自己伟大的精神领袖和精神导师，包括印度的释迦牟尼，以色列的犹太先知，古希腊的毕达哥拉斯、苏格拉底、柏拉图、亚里士多德，还有咱们中国的老子、孔子，等等。这些伟大先哲的思想，至今还影响着人类的生活。显然，这是人类文明的重大突破时期，很了不起，所以称为"轴心时代"。

但是，咱们的《周易》比轴心时代还早。早多少呢？大约还要再过差不多五百年，孔子、毕达哥拉斯和释迦牟尼才会诞生；然后再过差不多一百年，也就是《周易》出现六百年后，墨子、苏格拉底和柏拉图才会诞生；至于孟子、庄子、亚里士多德，则要比《周易》差不多晚七百年。因此，**《周易》也是人类精神文明的"金字塔"**。而且，它也跟古埃及那些金字塔一样，充满了神秘，充满了谜团。

怎么个神秘，有什么谜团呢？这可说不完。举个例子吧！比方说，学术界一直有一种说法，说数学上的二进制，就是17世纪德国哲学家莱布尼茨，在《周易》的启发下发明的。有了二进制，才有后来的电子计算机。这样算下来，我们今天能有电脑用，还得感谢《周易》。这也实在是太神了一点，很能让人觉得我们先前确实是"阔多了"。可惜这事是真是假，也还说不清。据我所知，事情大体上是这样的：早在17世纪初，英国的代数学家哈里奥特，就在他未发表的手稿中提到了二进制。1670年，卡瓦利埃里又一次重复了这一发现。后来，莱布尼茨也独立完成了这一发现，时间大约是在1672年到1676年。但是，莱布尼茨并没有马上把这一发现公之于众。1703年4月1日，莱布尼茨收到了法国传教士白晋的一封回信。白晋在信中告诉他，中国《周易》的八卦图，排列顺序与二进制记数法是相同的。这下子莱布尼茨高兴坏了。他没想到，自己的发现与几千年前中国圣人的创造，竟然如此一致。他也为自己解开了古老的《周易》之谜而欣喜若狂。

这当然也不错，仍然能证明《周易》很牛。遗憾的是，白晋提供给莱布尼茨的图，是宋代哲学家邵雍改画的，并非《周易》的原图。就算是原图，也只能说《周易》"印证"了莱布尼茨的发现，不能说"启发"。对这事，韩雪涛先生有一篇题为《莱布尼茨、二进制与〈周易〉》的文章说得很清楚，有兴趣的朋友不妨查看。

不过，就算是误打误撞，或者如李约瑟所说，是《周易》中的"无意识巧合"被莱布尼茨"有意识地发现"，这也不简单。它至少说明，我们后人对《周易》是可以做数学解释的，甚至我们也可以相信，《周易》当中确有某种数学的秘密。其实，也不光是数学，《周易》跟天文、历法、音乐、建筑、医学等，都能扯上关系。古代的中国人，但凡有事，诸如祭祀，打仗，做生意，娶媳妇，都要请教《周易》。现代的中国人，买房子，开公司，考大学，找工作，给孩子起名字，也会找懂《周易》的人帮忙。所以，那些所谓"总裁国学班"之类，多半都要开《周易》课程。实话实说，这些拉扯，十有八九，其实不靠谱，是瞎掰，但又多少有些影儿，至少沾边。这说明什么呢？说明《周易》里面确实有些"道道"，而这些"道道"又构成了一个开放的系统，这才可以"仁者见仁，智者见智"，看风水的可以用来看风水，讲哲学的可以用来讲哲学。

这就非同小可，甚至堪称伟大了。有几本书会像《周易》这样，能让人们从不同角度做多种解释，还都能讲得通呢？也就是《老子》和《红楼梦》吧！《老子》和《红楼梦》，也是既说不清又说不尽的。陈鼓应先生曾借用尼采的比喻说，老子的思想就像永不枯竭的水井或清泉，只要我们把桶放下去，就一定满载而归（《老子哲学系统的形成》）。《周易》也是这样——要帝王术有帝王术，要房中术有房中术，要生意经有生意经，要辩证法有辩证法，全看你放下去的是哪样的"桶"。

或许有人会说，这些都是后人附会，不算。好，就算像你说的那样吧！但《周易》能提供这些"题目"，让大家借题发挥，至少也是"酵母"吧？！大家对它感兴趣，恐怕也因为它触动了我们某根敏感的神经，搔到了我们的痒处吧？！

再说了，后人在"附会"的时候，也不是一点"谱"都没有。至少，得跟《周易》对得上号。这就不可能不受到它的影响。其实，**《周易》最重要的意义，就在于提供了一种世界观和方法论。也就是说，《周易》对后世的影响，主要是教会我们怎样看问题。**于是，我们民族的很多思想，源头都可以追溯到《周易》。比如我们后面要讲的中庸和老子，就直接与《周易》有关。所以，**《周易》不但是中国人智慧的"金字塔"，也是中国人智慧的"昆仑山"，即"万水之源"**。讲中国人的智慧，不能不从《周易》开始。

可惜，《周易》又是一部非常难讲的书，更何况我也不是研究《周易》的。所以千万不要请我算卦，也不要请我看风水。这个我不会。我只能非常简单地向大家介绍一下《周易》，然后呢，谈一谈从《周易》当中获得的一些启迪。这主要有三大部分的内容：第一部分，什么是《周易》。第二部分，《周易》的方法。第三部分，《周易》的启示。这三个部分，有话则长，无话则短。下面，就分为八节来讲。

《易经》与《易传》

先讲什么是《周易》。

什么是《周易》？我们通常所谓《周易》，其实包括两个部分，一部分叫《易经》，另一部分叫《易传》。请注意，这里的这个"传"字，不念传达的传，要念传记的传。一个《易经》，一个《易传》，合起来，统称《周易》。有人说，《易传》不算，《周易》就是《易经》。这当然也有道理。可惜后世读《周易》，很少有不读《易传》的，还是搁在一起说吧！

那么，《周易》为什么既有"经"又有"传"？这就要搞清楚什么叫"经"，什么叫"传"。经者，常也。经，就是"总这样"，叫"经常"；也是"不会变"，叫"恒常"。可见所谓"经"，就是永恒真理，刘勰的《文心雕龙》称之为"恒久之至道"。既然是永恒真理，那就颠扑不破，也就字字珠玑、句句有理，刘勰称之为"不刊之鸿教"。这话直译过来，就是"一个字都动不得的伟大教导"，也就是绝对真理。这些永恒真理和绝对真理写成书，就叫"经"。或者说，**经，就是代表永恒真理和绝对真理的著作。这是我们古人的观点。**

中国古代的"经"有哪些？儒家认为有六部，号称"六经"。其中一部已经失传了，剩下五经——诗、书、礼、易、春秋，也就是《诗经》《书经》《礼经》《易经》《春秋经》。这些经典著作，是不是代表着永恒真理和绝对真理，怕是不好说，咱们姑且不论。至少，它们都有两个问题，一是年代久远，二是语焉不详。这两条加起来，就给后人的阅读造成了障碍，造成了困难。比如《易经》的第一句是这样的：

乾。元亨利贞。

请问，你读得懂吗？读不懂吧！

再比方说，《春秋经》的头三句是：

元年春王正月。三月，公及邾仪父盟于蔑。夏五月，郑伯克段于鄢。

咋回事呀？弄得明白吗？不明白吧！

所以，后来大家就都觉得，光有"经"是不行的，还得有"传"。传，就是对"经"的解释、阐释、说明、补充、发挥。比方说《春秋》，原本是鲁国的史书，后来被儒家奉为经典。给它做注解、阐释、补充的，就叫作《春秋传》，一共有三部，号称"春秋三传"。其中最有名的，是左丘明的传，简称《左传》。当然，《左传》是不是左丘明写的，还有争论。但可以肯定，《春秋》是既有经，又有传。

同样，《周易》也是有经有传。不过，《易经》和《易传》，其实相差很大，满不是一回事。怎么不一样？内容不同，成书年代也相差很远。学术界一般认为，《易传》应该是战国末期到秦汉初年的作品。《易经》呢，那就早得很了，大约是在周代的初期，或者是殷周之际。《易传·系辞下》的说法更具体，干脆就说是在周文王的时候。司马迁也说《易经》六十四卦的著作权应该属于周文王。不过我觉得，《易经》也未必就是周文王一个人的著作，但要说它的完成是"当殷之末世，周之盛德"，则很有可能。这样一来，《易经》的成书年代，就大约在公元前1046年，与《易传》的成书年代要相差八百年左右。

不过，两书最大的区别还在内容。简单地说，《易传》是一本哲学书。《易经》呢，则是占卜的书。占卜这种事，很早就有，世界各民族都有，比如西方人就有占星术。但是中国人也好，西方人也好，周人也好，殷人（商人）也好，占卜的方法各不相同。殷人的方法是什么呢？用甲骨。具体地说，就是把乌龟的壳，或者兽类的骨头拿来，先在上面钻眼，然后放到火里面去烧。烧的时候，这个钻了眼的龟甲或者兽骨会有裂纹，还会"扑扑扑"地响，所以叫"卜"。占呢？就是察看。看什么呢？看裂纹的走向和形状。然后由巫师来说：哎呀，这个是凶，这个是吉；这个事情可以做，这个事情不能做。最后把这个占卜的结果，用文字刻在这个龟甲或者兽骨的裂纹旁边，这样的文字就叫甲骨文。这是殷人的方法。

殷人用甲骨，周人用什么？用草，叫作"筮"（读如世）。用来做筮法的草，叫"蓍"（读如诗）。蓍草一共五十根，二十五根长的，二十五根短的。然后，随便从当中抽出一根来放在旁边，这叫"大衍之数五十，其用四十有九"。剩下的四十九根，任意分堆。分下来看，最后是几根长的几根短的，然后根据这个做解释。

这样一说，相信大家都清楚了——殷人用龟甲，周人用蓍草；殷人的方法是卜，周人的方法是筮。但是不管卜也好，筮也好，关键在于怎么解释。上古时候，这个解释权当然是属于巫师的。问题是，巫师也不能乱解释，不能信口雌黄，得有道理，有依据。这个依据，还得有权威性。怎样才有权威性呢？自然是某种解释或解释方法屡试不爽。因此，这些解释和解释方法，就得记录在案。据说夏商周三代，便都有卜筮之书。其中，夏代的叫《连山》，商代的叫《归藏》，周代的叫《周易》。这在历史上就叫"三易"。

当然，这种说法也未必可靠。因为夏代有没有文字，还很可疑，我们且不去管它。总之，《易经》就是用来算卦的，是卜筮书。《易传》则应该说是哲学书，而且很可能与荀子学派有关。郭沫若先生就有这个主张，李泽厚先生也说《易传》是"整个儒家最基本和最高的哲学典籍"（《中国古代思想史论》）。算卦和哲学不是一回事吧？所以我们在引述《周易》的时候，要分清楚是经文还是传文。经是经，传是传，不能混为一谈。你可以说《周易》上怎么讲，但不要轻易说引用了《易经》。比如"天行健，君子以自强不息"，就是《易传》的话。说是《易经》上的，就不太准确，不太严谨。《易经》是占卜之书，怎么会说这个话？

这就有意思了。一本算卦的书怎么就成了我们民族智慧的结晶呢？

原来，**《周易》是巫术当中有哲学，至少有哲学精神**。这种哲学精神，在《易经》那里就有了；或者说得严谨一点，《易经》至少是有哲学意味的。这种哲学意味，后来被发扬光大，就变成了《易传》对《易经》的哲学解释。而且，按照后人的解释，这种哲学意味或者哲学精神，还就体现在"周"和"易"这两个字当中。弄明白这两个字的奥秘，我们也许就能走进《周易》这座"金字塔"。

周与易

先说"周"。

周，它的第一个意思是**周代**，或者说周人、周民族。《周易》是周人的作品，这一点没有问题。第二个意思是**周遍**，或者说周到、周密、周全。它的意思，就是说《周易》讲的事情无所不包，严丝合缝，非常全面，什么都讲到了。第三个意思叫作**周转**，也就是周而复始。就是《周易》讲世界宇宙的原理，从一个起点出发，讲了一圈后，又回到这个起点，一切从头开始。周人、周遍、周而复始，这就是"周"字的三个意思。

再说"易"。

易，也有三个意思。第一个意思，**简易**，就是它非常简约，也很平实，还很容易。是不是这样呢？也是也不是。《易经》的内容，只有六十四个符号，再就是这六十四个符号的名称和解释，分别叫卦名、卦辞和爻辞，确实简易。但要说容易，就不好讲了。不过，简约平易，倒真是《周易》主张的风格，提倡的精神。《易传·系辞上》说：

> 乾以易知，坤以简能。易则易知，简则易从。易知则有亲，易从则有功。有亲则可久，有功则可大。可久则贤人之德，可大则贤人之业。易简而天下之理得矣。

什么意思呢？翻译过来就是这样：乾，是很平易的。因为平易，所以充满智慧。坤，是很简约的。因为简约，所以富有能力。平易，就容易知晓；简约，就容易遵从。容易知晓，就有亲和力；容易遵从，就有创造力。有亲和力，就能长久，成为永恒真理；有创造力，就能壮大，成为发展动力。天长地久的永恒真理，能够成就贤人的品德；不断壮大的发展动力，能够成就贤人的事业。《易》

虽然简约平易，却囊括了全部真理啊！

这未免夸大其词，但有道理。什么道理？简约平易，确实是真理的特征。我赞成这样一种观点：**越是高级的东西越简单，越是真理越明了**。一种观点，一种学说，如果不能用简约平易的方式去表达，不能用最通俗易懂的语言讲清楚，那它还是不是真理，就值得怀疑。真理一定是简约平易的，**《易》就是简约平易的真理**。这是第一个意思。

第二个意思，**变易**。其实，易，就是变。易这个字，它的起源也有三种说法：第一种，认为上面是一个日，下面是一个月，日月为易。白天太阳，晚上月亮，走了太阳，来了月亮，变嘛！第二种，说是蜥蜴，就是变色龙。蜥蜴会变颜色的，易就是蜥蜴，所以也是变。第三种解释，可能更靠得住一些，就是倒水。请看易的字形图：

甲骨文易　　　　甲骨文易　　　　金文易　　　　金文易
　　　　　　　　　　　　　　　　（盂鼎）　　　（毛公鼎）

很清楚，甲骨文的"易"，最早是两只手抓住一个杯子，把这个杯子里的水倒进另一个杯子里去，也是变；或者说，易位。后来，省掉了手和另一个杯子，只有倒水。再后来，就变得很像现在的字形了。总之，日月、蜥蜴、倒水，意思都是变。易既然是变，那么，

《易》就是关于变易的真理。这是第二个意思。

第三个意思是**不易**。不易不是不容易，是不变。也就是说，易是变，同时又是不变。这也是中国古文字的一个特点，往往同一个字，代表着正反两个方面的意思。比方说"亂（乱）"，在上古就同时是"治"。《书经》的《泰誓篇》讲，周武王伐纣的时候发表演说，说"受（纣王）有亿兆夷人，离心离德；予有亂臣十人，同心同德"。这个"亂臣"，就是"治臣"，不是"乱臣贼子"。这话的意思是说，殷纣王那边人很多，但不跟他一条心；我虽然只有十个人，却都能治理国家，而且心往一处想，劲往一处使。实际上，治理的"治"，本来是"亂（乱）"这个字，这个字（亂）的本义也是"治"。这一点，看看字形就知道：

亂（乱）

很清楚吧？亂的字形，是上面一只手（爪），下面又一只手（又），中间是丝。丝容易亂（乱），所以必须用一只手在上面抓着，又一只手在下面托着，才有可能"理顺"。理顺就是"治"，不顺就是"亂（乱）"。所以，亂（乱），本义首先是"亂（乱）"，其次才是"乱"。现在我们写的治国的"治"，三点水那个"治"啊，原本是治水的"治"。治丝的治，治国的治，都是"亂"。后来，大家觉得治和乱都用一个字，也太乱了，这才用治水之"治"，代替了理丝之"亂"。

治就是乱，乱就是治。没有乱就没有治，没有治也没有乱，这就是中国文字表现出的辩证法。同样，易，就是变，也是不变。没有变，就没有不变；没有不变，也没有变。不过这样一说，很多人就会犯糊涂，就会问，那你这个"易"，到底是变还是不变呢？这一点，《周易》的思想也非常明确。《周易》认为，我们这个世界，有变有不变，也变也不变。什么变，什么不变呢？事情变，现象变，事物和现象背后的规律不变。也就是说，**变化的是现象，不变的是规律**。而且，**现象不断变化，也是规律**。因此，**我们这个世界，永远都在变化，唯一不变的就是变。变是不变的。变化的规律（怎样变），也是不变的**。

变（易）既然是不变（不易）的，那它就是可以认识，可以掌握的。《周易》要做的事情，就是要把这些规律找出来，然后告诉我们。告诉了没有呢？古人认为告诉了。而且他们认为，《周易》告诉我们的这些规律，也是不变的。因此，《**易**》**就是永恒不变的真理**。

这就是所谓"周易"了。它是简约平易的真理，关于变易的真理，永恒不变的真理，同时还是周遍周全的真理。或者说，**所谓"周易"，就是要用最简单的符号和系统（简易），来认识、概括、掌握和阐释不断变化的现象（变易）背后永恒不变的本质规律（不易）。而且，这种把握，还是周遍、周到、周全、周密，可以周而复始（周）的**。这就叫"易简而天下之理得"（《系辞上》）。当然，是否真"得"，也不敢说。但至少，有这个追求。

这就不是巫术了。或者说，不简单只是巫术了。因为它已经有了哲学的意味，甚至有了哲学的精神。它成为我们民族智慧的结晶，并不奇怪。

问题是，《周易》的这个追求，又是怎样做到的呢？

《周易》的方法

说起来，《周易》的方法也就三条：**抓住根本，掌握规律，建立系统**。

先说抓住根本。

根本是什么？在《周易》看来，就是**阴阳**。这话听起来玄乎，其实不难理解。《红楼梦》第三十一回，写史湘云和她的丫鬟，叫翠缕的，讲阴阳。这丫鬟开始不懂，问史湘云说，这阴阳是个什么东西啊，没影没形的？湘云就告诉她，阴阳就是事物的性质。比方说，天是阳，地是阴；火是阳，水是阴；日是阳，月是阴。翠缕说，今天我可明白了，难怪大家都管那日头叫太阳。又问，难道那些蚊虫跳蚤、花儿草儿、石头瓦片，也有阴阳不成？湘云说，当然有。比如树叶，朝上的就是阳，朝下的就是阴。又比如扇子，正面就是阳，反面就是阴。再比如飞禽走兽，雄的就是阳，雌的就是阴。于是翠缕大受启发，说咱们人，也应该有阴阳。湘云以为这丫头要说到"儿童不宜"的事情去，就沉下脸训她"下流东西"。然而翠缕却认真地说，姑娘和我就有阴阳。史湘云想，这丫头简直是脑袋进水了，我们两个女人哪来的阴阳？我们都是阴啊！谁知翠缕一本正经地说，主子是阳，奴才是阴，你以为我不懂呀！

这下子湘云无话可说，只好不了了之。为什么无话可说？因为《易传》就是这么主张的。《易传》认为，天地人伦，都有阴阳，也都有尊卑。比方说，天是阳，地是阴；君是阳，臣是阴；父是阳，子是阴；男是阳，女是阴。天在哪里呢？高高在上。地在哪里呢？匍匐在下。所以，天是尊贵的，地是谦卑的。由此推论，君尊臣卑、父尊子卑、男尊女卑。总之，阳为尊，阴为卑。反过来，尊者一定为阳，卑者一定为阴，这才有"主子是阳，奴才是阴"的说法。显然，这是为宗法伦理张目的混账话，我们不要理它！

不过，如果不说尊卑，也不说什么主奴，那么，翠缕倒是个懂《周易》的。因为她已经明白，**世间一切事物，都有阴阳，或者说都可以分为阴阳**。就连同一事物也如此，比如：手心是阴，手背就是阳；闭眼是阴，睁眼就是阳；影是阴，光就是阳；寒是阴，暑就是阳。所以，《易传·系辞上》就用这样一句话来概括《周易》的思想：

一阴一阳之谓道。

这话什么意思呢？它的第一层意思，也是最基本的意思，是说我们这个世界，归根结底，由阴与阳这两个选项构成。比方说：物质，有阳性物质与阴性物质；现象，有阳性现象与阴性现象；规律，有阳性规律与阴性规律。抓住了阴阳，也就抓住了根本。

那么，《周易》为什么会想到用阴阳做根本？说法也很多。但我想原因之一，恐怕就因为它原本是卜筮之书。这个占卜，说到底只有两个选项：一个凶，一个吉；或者说，一个可，一个否；再或者说，一个Yes，一个No。它就只有两个选项。现在福建很多寺庙里面，如果要求签，就用两块像鱼一样的竹片或者木片，合在一起往下"啪"一摔，要么两个都朝上，要么两个都朝下，要么一个朝上一个朝下，然后再去看，是不是，对不对，可不可以，同不同意。它就是可与否、凶与吉、是与非，就只有两个选项。

问题是，占卜当中的是与非、可与否、凶与吉，到了《易经》里面，怎么就变成了阴与阳呢？原因很简单，就因为这三组选择，都是判断。是与非，是事实判断；可与否，是决策判断；凶与吉，是结果判断。如果只有判断，没有认识，那就仍然是占卜，不是哲学。幸运的是，《周易》没有让自己停留在巫术的水平，它还要通过占卜，来达到认识整个世界的目的。怎么认识？再抽象一下。是与非、可与否、凶与吉，再抽象一下，结果是什么？一正一负！这个"一正一负"，可以是南与北、上与下、左与右、白与黑、明与暗、男与女等等。但是这些，都太具体。最好的表述，还是阴阳。

这就抓住了根本。抓住了根本，就可以掌握规律。这也是"一阴一阳之谓道"的第二层意思——**世界变化的规律，就在阴阳的关系之中**。阴阳的关系是什么？**相生，相克，共存，转化**。说得白一点，就是你也存在，我也存在；你中有我，我中有你；你离不开我，我离不开你；你变成我，我变成你。

还是举例说明吧！比方说自然界，总体上讲，天是阳，地是阴。这两个，都不会哪一天突然没了。而且，没有天也没有地，没有地也没有天。这就叫"你也存在，我也存在"。但是，任何事物当中，都有阴有阳。天，虽然总体上说是阳性的，天体却有阴有阳，天象也有阴有阳。太阳就是阳，月亮就是阴。白天就是阳，黑夜就是阴。地也一样，山就是阳，水就是阴；戈壁就是阳，沼泽就是阴。可见天是"阳中有阴"，地是"阴中有阳"。这就叫"你中有我，我中有你"。实际上，任何事物，都是阴阳共存，也都有阴阳两面。比方说，同为山，山北是阴，山南就是阳。水边则相反，水北是阳，水南是阴。比如江阴，就在长江之南。山也好，水也好，都不可能只有南，没有北；只有阳面，没有阴面。这就叫"你离不开我，我离不开你"。为什么呢？因为孤阴不生，独阳不长，单纯的阴或单纯的阳不可能存在。所以，阴和阳，不但共存，还要转化。比方说，白天变成夜晚，夜晚变成白天。这就叫**"你变成我，我变成你"**。说来说去，还是阴阳二字。

有阴阳，就有刚柔，也有动静。比方说，男人阳刚，女人阴柔；男人动，女人静。阴阳、刚柔、动静，是《易传》提出的三对矛盾。它们相辅相成，构成整个《周易》哲学体系的基础。但最根本的，还是阴阳。这就不简单了。为什么不简单？因为正是这"一阴一阳"，造就了世界的多样性、复杂性和统一性。比如同为水，则海阳刚，湖阴柔；同为山，则岭阳刚，丘阴柔；同为人，则军人阳刚，文人阴柔；同为诗人，则苏轼阳刚，柳永阴柔。这就是**多样性**。山是刚性的，却又是静态的；水是柔性的，却又是动态的。秦腔或豫剧的旦角，很可能比越剧小生阳刚；南方的山（比如桂林），也可能比北方的水（比如黄河）阴柔。这些，都不能一概而论。比如苏州人，是比较温柔的。他们操一口吴侬软语，吵架像唱歌，动手之前还要商量商量：拨侬两只耳光吃吃好哦啦？然而温柔的苏州人，在反抗强权的时候，却硬朗得让人肃然起敬。这就是**复杂性**。

但是再多样，再复杂，都无非阴阳关系。这种关系，就像一枚硬币的两面，是相反的，却又是统一的。这就是**统一性**。

世界具有多样性、复杂性和统一性，说到底，还是阴阳的相生、相克、共存、转化，即"一阴一阳"。所以，一阴一阳就是好的，也是对的。比如前面说过的求签，你从签筒里摇出一根来，怎么知道这是不是你的呢？用阴阳二鱼验证一下。两个都朝上，不对。两个都朝下，也不对。一个朝上一个朝下，对了。为什么？"一阴一阳"嘛！

这就是"道"。抓住了"道"，抓住了"一阴一阳"，就抓住了根本，掌握了规律，也就可以建立系统了。这是个大问题，我们单独作为一节来讲。

《周易》的系统

认真说来，《周易》的系统，其实有两个，一个是《易经》的，一个是《易传》的。两个系统，并不完全一样，今天只讲《易经》的。《易经》的系统，也有两个，一个是符号系统，一个是文字系统，文字系统是说明符号系统的。所以，我们重点讲符号系统。

那么，《易经》的符号系统，又是怎样建立的呢？首先是确定"一阴一阳"这两个根本，然后用两个符号来标识：

    —— ——（阴爻）   ————（阳爻）

这两个符号，叫作爻。一个阳爻，一个阴爻，叫作"两仪"。爻，读如摇，变动的意思；也读如效，仿效的意思。仿效什么呢？学术界众说纷纭，莫衷一是，我就不细讲了。但有一点可以肯定，那就是仿效世界的变化。《易传·系辞下》说：

爻也者，效天下之动者也。

这就很清楚了。爻，是一定要变化，要动作的，不能搁在那儿不动。怎么动？爻跟爻发生关系。阳爻和阴爻发生关系，阴爻和阳爻发生关系，阳爻和阳爻自己、阴爻和阴爻自己也发生关系。这样一来，就产生了四个新的符号：

▬▬（太阳）　**▬ ▬**（少阴）　**▬▬**（少阳）　**▬ ▬**（太阴）

这四个符号，是怎么产生的呢？首先，是一根阳爻上面再加一根阳爻。请注意，《易经》所有的符号，都由爻组成。组成的方式，是从下往上。也就是说，我们数这个数的时候，要从下面往上数。下面一根阳爻，上面再加一根阳爻，两个都是阳，这个就叫"太阳"。然后呢，第二个，阳爻上面加一根阴爻，一阴一阳，阴爻在上，阳爻在下，就叫"少阴"。就是以阳为主，但是有了阴的成分。第三个，阴爻上面加一根阳爻，以阴为主，又有阳的成分，这个叫作"少阳"。最后一个，是阴爻上面也加一根阴爻，就是全阴，叫作"太阴"。太阳、少阴、少阳、太阴，一共四个，叫作"四象"。这是第一步。

第二步呢？在这四个符号上，各自再加一根爻。我们都学过排列组合，都知道加下来是多少。几个呢？八个。这八个符号，是这样的：

乾　　　　　兑　　　　　离　　　　　震

巽　　　　　坎　　　　　艮　　　　　坤

第一个符号，是太阳上面再加阳爻，一共三根阳爻，这是乾卦，代表天。还是太阳，上面加一根阴爻，这个叫作兑卦，代表泽。然后，少阴上面加一根阳爻，这个叫作离卦，代表火。再下来，少阴上面加一个阴爻，是震卦，代表雷。再下来，少阳上面加一根阳爻，这是巽卦，代表风。再下来，少阳上面加一根阴爻，是坎卦，代表水。再下来，太阳上面加一根阳爻，是艮卦，代表山。最后，太阴上面加一根阴爻，就是坤卦，代表地。这就是"八卦"。这八卦呢，也有一个记忆的办法，是朱熹想出来的，编成了一首歌：

乾三连，坤六断；

震仰盂，艮覆碗；

离中虚，坎中满；

兑上缺，巽下断。

什么意思呀？乾卦，是三根阳爻。三根都是连着的，所以叫"乾三连"。坤卦呢？三根阴爻，都是断开的，所以叫"坤六断"。震卦，上面两阴爻断开，下面一阳爻连着；整个卦象像一个口朝上的盂钵，所以叫"震仰盂"。艮卦则正好相反，像一个倒扣下来的碗，所以叫"艮覆碗"。离卦呢？当中是阴爻，虚的，叫"离中虚"。坎卦相反，上下是缺的，中间是满的，叫"坎中满"。兑卦，上面是一根阴爻，所以说"兑上缺"。巽卦，下面是一根阴爻，所以说"巽下断"。这就是朱熹的《八卦取象歌》。

朱熹的《八卦取象歌》给了我们一个启发，就是我们会发现，这八卦可以分成四组，每组两卦，刚好相反。乾和坤，刚好相反（乾三连，坤六断）；震和艮，刚好相反（震仰盂，艮覆碗）；离和坎，刚好相反（离中虚，坎中满）；兑和巽，刚好相反（兑上缺，巽下断）。为什么刚好相反呢？哈！"一阴一阳之谓道"呀！

看来，说到底，还是阴阳。不过，《易传》认为，阴阳二极之前还有一个起始，叫"太极"。《易传·系辞上》说：

《易》有太极，是生两仪。两仪生四象，四象生八卦。

太极生两仪，就是生出阴阳来了；两仪生四象，太阳、少阳、少阴、太阴就有了；四象生八卦，就有了乾、坤、震、艮、离、坎、兑、巽。这八个符号，就叫"经卦"，也叫"小成之卦"。按照后来儒家的说法，它们是伏羲发明出来的。从"太极"到"八卦"，这个过程，也可以画成一张图：

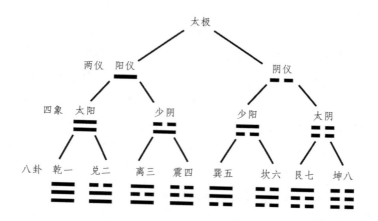

再下一步，是八卦和八卦相重，这个我就不演示了。我们都学过排列组合，都知道八卦和八卦相重，能重出多少个卦来。多少呢？六十四个，八八六十四卦。这六十四卦，就叫"别卦"，也叫"大成之卦"。按照后来儒家的说法，它们是周文王发明出来的。

文王重卦以后，《周易》的系统就建立起来了。这个系统，今天我们去看，恐怕会一个头有两个大。但是，相对纷繁复杂的大千世界，它仍然是非常简约的。其实，我们看不懂，也因为它太简约。用这样简约的一个系统，就要概括整个世界的现象、变化和规律，这无疑是一种野心。当然，这种野心是很可爱的。不过，我对这个"可爱的野心"没有兴趣。我关心的，是《周易》这样一种古老的智慧，能给我们什么启示呢？

《周易》与忧患意识

我认为，《周易》的启示主要有四条：**忧患意识、理性态度、变革精神、中庸原则**。

先说忧患意识。

《易经》里面有忧患意识吗？有。《易传·系辞下》说：

作《易》者，其有忧患乎？

这就是说，在战国末年、秦汉之初的时候，《易传》的作者就提出了一个问题：当年发明创作《易经》的人，恐怕有忧患吧？我想，这个猜测，应该是有原因的。直接的原因，恐怕就是他们在《易经》当中，读出了忧患。这个我有同感，我也有这样的体验。我甚至认为，没有忧患，就不会有《易经》。就算有，也会是别的样子。

问题是，《易经》的作者，为什么会忧患呢？

以前的解释，是说当时周文王被殷纣王关起来了，所以他忧患。我的看法不同。我认为，《易经》充满忧患，就因为它是周人的作品。**周人的特点就是忧患**。周人为什么就忧患呢？也有两个原因。第一，周是农业民族。我们知道，农业生产的特点，是周期长，风险大。春耕夏耘，挥汗如雨，辛辛苦苦，就盼着秋收。但是，一场冰雹，或者一次洪水，就可能颗粒无收。这就要未雨绸缪，也就忧患。第二，周是胜利者，而且胜利来得太快。据史书记载，武王伐纣，是子月出兵，丑月就颠覆了殷商政权，满打满算一个来月的时间。那可是冷兵器时代啊！谁都知道，这来得容易的，去得也快。因此，相传为周公所作的《诗·大雅·文王》，就感慨万千地说，这老天爷的事，可真是没个谱啊（**天命靡常**）！没谱，又怎么办？也只能谦虚谨慎，好自为之。

于是，在突如其来的胜利面前，周人表现出异常的清醒和深深的忧虑。体现在《易经》，就在它的最后两卦，也就是第六十三卦和第六十四卦：

既济（离下坎上）　　　　　　　未济（离上坎下）

这个第六十三卦，叫"既济"；第六十四卦，叫"未济"。这两卦是什么意思呢？济，就是成功。所以，既济，就是已经成功；未济，就是还没成功。为什么？我们来看看，这两个"别卦"，都是由哪两个"经卦"组成的。既济，上面是坎卦，下面是离卦。离中虚，坎中满。那又怎么样呢？坎为水，离为火。上坎下离，这叫"水在火上"（《易传·既济·象辞》）。水在上面，火在下面。水要灭火，能成；火要烧水，也能成。所以说，既济，就是已经成功。未济呢，正好相反，下面是坎卦，上面是离卦。火在上面，水在下面。火往天上飘，水往低处流，根本就不搭界，哪里能成事？所以说，未济就是还没成功。

前面说过，《易经》六十四卦，是要包罗万象，概括整个世界的现象、变化和规律的。所以，六十四卦中有"既济"（已经成功），有"未济"（尚未成功），并不奇怪。关键在于它们的先后次序。是什么呢？是"既济"在前，"未济"在后，一个是第六十三卦，一个是第六十四卦。这就有意思了！《易经》六十四卦，从天地（乾坤）出发，一路走来，历尽沧桑，转到第六十三卦，哈，成了！但它是六十三卦啊！还有一卦。那六十四卦是什么呢？未济。嘿，还没成！没成怎么办？重新开始，再来一遍。从乾坤两卦，再到既济、未济。这就是《易经》卦序非常高明的地方——最后一卦绝不是成功。成功就完了！到了顶峰，就走下坡路了！必须再给你一个未济，才行。它的意思也很清楚：别以为成功了，胜利了，就一劳永逸、万事大吉，可以高枕无忧！告诉你，天下事，了犹未了。后面的麻烦，多了去。你还是"战战兢兢，如临深渊，如履薄冰"（《诗·小雅·小旻》），夹起尾巴做人吧！

这可真是"革命尚未成功，诸君尚须努力"。于是，**《易经》从最基本、最原始的因素出发，在经历了所有的可能性之后，达到成功，然后走向还没成功，然后重新开始。**其实，这也是一个新的起点，一个更高的起点。

现在看来，周人的这种忧患，《易经》的这个思想，《易传》的作者是读懂了的。所以《系辞下》说：

> 危者，安其位者也。亡者，保其存者也。乱者，有其治者也。是故君子安而不忘危，存而不忘亡，治而不忘乱，是以身安而国家可保也。

这段话的意思很清楚，就是要居安思危。居安思危是忧患意识的集中体现，也是我们民族的共识。从孟子的"生于忧患而死于安乐"（《孟子·告子下》），到确定以《义勇军进行曲》为中华人民共和国国歌，体现的都是这一点。大家想啊，新中国都成立了，中国人民都站起来了，为什么还要唱"中华民族到了最危险的时候"呢？居安思危啊！忧患意识啊！

忧患意识是很重要的。学术界甚至有一种观点，认为**中华民族文化心理的底色，就是忧患意识**。比如曹操这个人，是很阳刚的，甚至很霸道的，但他写起诗来，却是"明明如月，何时可掇。忧从中来，不可断绝"（《短歌行》），简直就是愁肠寸断。所以有学者提出来，读中国古典文学作品，在某种意义上讲，就是体验忧患。最能说明问题的，就是辛弃疾的《丑奴儿》——"为赋新词强说愁"。这就是说，在我们古代，你要成为一个诗人，一个真正意义上的诗人，就不能整天乐呵呵的。整天乐呵呵，那不是傻小子吗？你得有忧患啊！可是一个少年，涉世未深，哪来的忧患？为了写诗，也只好装装样子。等到晚年，忧不胜忧，愁不胜愁，反倒"欲说还休，却道天凉好个秋"了。

这就是忧患意识，是我们民族的先哲留下的一笔极其宝贵的思想文化遗产，应该继承，也必须继承。大家知道，改革开放以来，我们国家的进步是很快的，成就也是很大的。作为个人，变成所谓成功人士的，大约也有一些。那么我们是不是可以得意一下，翘一翘尾巴呢？我的看法，是稍微翘一下就好了。为什么可以"稍微翘一下"呢？因为毕竟憋屈了那么久。为什么只能"稍微翘一下"呢？因为"既济"的后面是"未济"。我们将来的路还长着呢！我们现在的问题，也还多着呢！还是居安思危的好。得意忘形，牛皮烘烘，动不动就说什么"不高兴"，至少也是不成熟的表现吧？

《周易》与理性态度

再说理性态度。

实际上，忧患意识同时也就是理性态度。因为所谓忧患，就是既非盲目乐观，也非一味悲观。可见没有理性，也不会有忧患。没有理性会怎么样呢？要么得意忘形，肆无忌惮，以为天上总会掉馅儿饼。要么提心吊胆，疑神疑鬼，歇斯底里，神经质。

周人有理性，所以忧患。因为忧患，所以《周易》就从巫术变成了哲学。

我这样说，肯定会挨骂。那些"愤青"会跳起来说，你怎么能说我们中华民族最伟大的经典是巫术呢？你这不是侮辱中国人民吗？还有，你怎么能说巫术变成哲学呢？你这不是要搞伪科学吗？

对不起，我得实事求是地告诉大家：第一，《易经》原本就是巫术。第二，巫术不是贬义词，我这里的说法只是一个客观的表述。第三，巫术也不是伪科学。至少，原始时代的巫术不是。那它是什么呢？**前科学**。或者说，**科学前的科学**。

这个事，恐怕要稍微说明一下。如果大家有一点文化人类学的知识，那就应该知道，巫术是人类文化最早的模式之一。这么说吧，人类最早的物质文化模式，是工具；最早的精神文化模式，是巫术。然后，才有科学和宗教。科学和宗教都来源于巫术。不过，宗教和巫术，是相反的。科学和巫术，则有惊人的相似之处。有什么相通的呢？就是科学和巫术都相信两点：第一，世界的变化是有规律的，因此世界是可以被认识的。第二，人类一旦认识了自然，掌握了规律，就能够利用自然、控制自然、改造自然。

请大家想一想，科学是不是这样认为的？是吧？那我告诉你，巫术也是这样认为的。只不过，巫术掌握的规律，是想当然的，是错误的。科学掌握的，才真是规律。比方说，巫术相信一条，叫作"部分等于整体"。因此，小孩子换牙的时候，那个掉了的乳牙，可要好好处理。处理不好，被坏人或仇人拿了去念咒语，就会生病。这当然是错误的认识。那颗牙齿，谁拿了念咒语也没用，不会生病。但是，巫术的这个用心是好的，方向也是对的，不对的是路径。问题在于，谁也不是生下来就会走路的，谁也不是一开始就能走对的。你不走，怎么知道对不对呢？你不试，怎么知道行不行呢？即便是科学研究和科学发明，也要试错嘛！**巫术，就是人类认识的"试错阶段"。**

这样试着试着，原始时代的人类，就逐渐地总结出一些真正的规律。这些规律，主要是从生产劳动的实践中总结出来的，但也有一些来自巫术。因为巫术认为的事物之间的关系和联系，也有一些是有道理的。这个时候，科学就产生了。科学诞生于巫术，所以巫术是"前科学"，不是"伪科学"；或者说，原始巫术是"前科学"，不是"伪科学"。科学诞生之后，如果还要搞巫术，还要说他们搞的是科学，那就是伪科学了。总之，掌握了正确方法和路径的，是科学。方法路径不对头，对规律的认识想当然，却当作规律来用，是巫术。鉴定的办法，就是看在相同条件下的相同操作，结果是不是相同。如果一时半会儿弄不清，就先别下结论。伪科学的帽子，也不宜随便乱扣。

巫术变成科学，是人类认识的进步。可惜科学也不是万能的。何况原始时代的科学，水平还很低，总会有认识不到的地方、解决不了的问题。这个时候，宗教就产生了。为什么呢？因为我办法都用完了嘛！我用过了巫术的办法，不能解决问题。我现在用科学的办法，还是不行。那我就只好相信自然界有一种不可抗拒的神秘的力量。我只能拜倒在这个力量前面，五体投地，诚惶诚恐。

由此可见，宗教和巫术刚好是相反的。巫术是征服，宗教是臣服。科学和巫术则是相通的，只不过科学走对了路，巫术没走对。但是，没有巫术，就没有科学，也不会有宗教。所以，世界各民族在其原始时期，都有巫术，都要经过巫术阶段，这是无一例外的。不同的是，在西方人那里，巫术逐渐发展为科学。而在我们这里，在《周易》这里，巫术变成了哲学。**《易经》就是巫术中有哲学，《易传》就是哲学中有巫术。**

从巫术变成哲学，这是思想的飞跃，也是理性的胜利。为什么这样说呢？因为巫术虽然可以变成科学或者哲学，却并不一定就变成科学或者哲学。它还可以变成艺术或者迷信。变成艺术，是感性的胜利。变成迷信，是愚昧的胜利。周人把它变成了哲学，就说明周人的态度是理性的。

态度理性，又怎么样呢？很简单，"术"就变成了"道"。我们知道，巫术这玩意儿，原本是一种技术。只不过，是巫师的技术，所以叫"巫术"。但不管怎么说，巫术是很讲究"技术性"的。咒语怎么念，动作怎么做，一点都不能出错。一个字念错，或者一个动作没做对，那事情可能就黄了。《周易》关心的却不是这些。它关心的，是一个根本性的问题，那就是：世界为什么会纷繁复杂、千变万化？结论是：**因为阴与阳"你中有我，我中有你"**。这是世界的本质特征，而且就体现在《易经》的符号系统中，《易传·系辞下》概括为八个字：

阳卦多阴，阴卦多阳。

理解这句话，要有一点知识。就是八卦的性质，可以分为两类——阳卦和阴卦。决定它们性质的，是卦画，也就是笔画。卦画为单数的，叫"奇"（读如基）。卦画为双数的，叫"偶"。奇数为阳，偶数为阴。比如乾坤两卦之外的六个经卦：

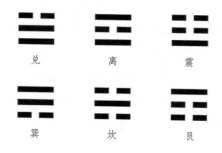

请看，震、坎、艮，都是五画，是阳卦。巽、离、兑，都是四画，是阴卦。但是，震、坎、艮，都是两阴爻，一阳爻，阴爻比阳爻多，这就叫"阳卦多阴"。巽、离、兑呢？却都是两阳爻，一阴爻，阳爻比阴爻多，这就叫"阴卦多阳"。这说明什么？说明**阳性物质或阳性现象，往往阴性成分多。阴性物质或阴性现象呢？反倒**

是阳性成分多。大家可能会问：那又怎么样？告诉你：这就**非变不可**！为什么非变不可？矛盾嘛！而且，这矛盾还是内在的嘛！何况要变也不难。比如把兑卦最下面那根阳爻提到最上面，就是离；换成阴爻，就是坎。再比方说，震卦掉个个儿，就是艮；巽卦掉个个儿，就是兑。这叫什么？这就叫"**变卦**"。我们生活中，常常会说"你这个人怎么变卦了"，就从这儿来的。

由此可见，"你中有我，我中有你"的结果，必然是"你变成我，我变成你"。这就是"道"，即"一阴一阳之谓道"。《周易》把这个"道"揭示出来了，它也就从巫术变成了哲学。这就是理性的胜利。而且，这种理性的态度，还必然会表现为变革的精神。

《周易》与变革精神

变革，确实是《周易》的精神。《周易》有一个基本思想，就是认为**变是好的，不变是不好的；能够变是好的，不能变是不好的**。比如六十四卦当中，有这样两卦，一个叫泰卦，一个叫否卦。泰，我们知道，就是好嘛！比如三阳开泰、国泰民安。否（读如痞），是不好的。这两卦，卦象如图所示，是这样的：

这两卦的卦象，也就是它们的样子，刚好是相反的。怎么个相反呢？一个是坤卦在上，乾卦在下；另一个是乾卦在上，坤卦在

下。乾是什么？天。坤是什么？地。那么请问，我们平时看到的现象，天是在上面，还是在下面的？天是在上面的。地呢，本来是在下面的。这样说来，上乾下坤，就应该对了，是不是？

可是我们来看泰卦和否卦，是什么样子呢？泰卦，是地在上，天在下；否卦，是天在上，地在下。按照我们的理解，天在上，地在下，这就对了吗？可是《易经》说不对啊，不好啊，是"否"啊！为什么不对，为什么不好？《易传》做了一个解释：

　　象曰：天地不交，否。

原来，天在上，地在下，就没有问题，没有矛盾，就不好了。没有问题，没有矛盾，怎么就不好呢？因为就不会发生关系（天地不交），也就不会变啊！那么，怎样才好呢？地在上，天在下，最好！地在上，天在下，怎么会最好呢？因为位置不对啊！位置不对，又有什么好呢？它就要变啊！可见泰卦的好，好就好在它"不对"。对了就不好，就是否卦了。这叫什么呢？这叫**有矛盾就有冲突，有冲突就有变化，有变化就有发展，有发展就有前途**。如此说来，有矛盾，有冲突，有变化，岂非天大的好事？

这就不是"**不怕变**"，而是"**怕不变**"了。我们知道，"不怕变"已经很了不起，"怕不变"就更了不得。为什么呢？不怕变，是被动的。世界要变，我也没有办法，只好跟着变。怕不变，则是主动的。你不变，我还着急。当然，按照《周易》的观点，我们这个世界，永远都在变化，唯一不变的就是变，因此不必怕它不变。但是，能够"怕不变"，就说明我们已经有了足够的思想准备和应变能力，有了主动权。这是很了不起的。

实际上，不变，也不可能。为什么？因为"阳卦多阴，阴卦多阳"。阳性物质或阳性现象，往往阴性成分多。阴性物质或阴性现象，则反倒是阳性成分多。阴性成分多，阳性物质或阳性现象，就迟早会变成阴性物质或阴性现象。反过来也一样。比方说，白天变成黑夜，黑夜变成白天；或者说，夏天变成冬天，冬天变成夏天。

显然，变，是必然的，也是好事。所以，《易经》当中，但凡吉卦，都是暗示着变化的。比如咸，是泽上山下；革，是泽上火下；丰，是雷上火下。这些都吉利。相反，睽，火上泽下；遁，天上山下；噬嗑，火上雷下，就意味着不顺利，不成功。

看来，当周人将多次卜筮的经验，整理为《易经》的符号系统和文字系统时，他们已经悟出了一个道理——"事物在变化发展时就有前途，是吉的；停滞、不变化，就没有前途，是凶的"（任继愈《中国哲学史》）。当然，他们也同时悟出了一个道理——**既然世界永远在变，既然变化的规律是有章可循的，那么，与其在世界的变化面前惊慌失措，不如掌握规律，让事情尽量向好的方向发展，甚至主动去变革。**

这就是变革精神，也就是理性态度。

问题是，怎么变？

关于这一点，《周易》也提供了三条意见。首先是**穷极而变**。《易传·系辞下》说——

易，穷则变，变则通，通则久。

穷，就是发展到极点，叫"穷尽"。任何事情走到尽头，就要变，即"变革"。变了就通，即"通畅"。通了就久，即"长久"。因此，**长久是因为变通，变通是因为穷尽**。比方说，一年当中，最冷是什么时候？三九。最热是什么时候？三伏。三伏中的末伏，是从立秋以后的第一个庚日开始的。三九，则是冬至后的第十九天到第二十七天。可见到了三伏，其实已经热到头了。到了三九，也冷到顶了。所以，三九，其实是阳气上升之时。三伏，则是阴气上升之日。结果大家都知道，一个是春暖花开，一个是秋风萧瑟。

这是能够给我们启发的。比方说，某个时候，你觉得倒霉透了，就千万不要沮丧。咬咬牙，挺过去，也就"柳暗花明"。同样，一帆风顺，红红火火，也千万不要"春风得意"，倒霉的事一定在等着你。为什么？穷极而变。所以，逆境中，要有信心。顺境中呢？最好还是居安思危，夹起尾巴做人。

这就是《周易》提供的第一条意见。第二条呢，是**与时俱进**，即把握时代脉搏，顺应时代潮流。《易传·系辞下》说：

变通者，趣时者也。

趣，就是趋。趣时，就是趋时。《易传》叫"与时偕行"（《乾·文言》），现在叫"与时俱进"。为什么要与时俱进？因为时势的变化，最能反映客观的规律。规律是不能违抗的，只能顺应。比方说，秋凉了，就要加衣服；春暖了，则要减。这个你不能拗着来。当然，也有"春捂秋冻"的说法。但那其实是为了更好地"与时偕行"，不是要对着干。

可见，时，也就是势。势不可当，所以只能与时俱进。这里说的"时"或者"势"，包括自然的，也包括社会的，即"时代潮流"。时代潮流，也是"势不可当"的。因此，你想长久吗？那好，请你变革！**只有与时俱进，才能长治久安**。这是《周易》提供的第二条意见。

第三条，就是**恰到好处**。这一条，牵涉到《周易》的中庸原则，我们单独来讲。

《周易》与中庸原则

《周易》也讲中庸吗？讲。为什么讲？因为按照《周易》的观点，任何事物，都是发展变化的。既然是发展，是变化，那就会有一个过程。这个过程，也有三个阶段。开始的时候，也就是第一阶段，变化还不显著。事物的特征，也就显现不出来。最后一个阶段呢？按照"穷极而变"的规律，又会走向自己的对立面，由阴变成阳，或者由阳变成阴。这样算下来，最好的、最适宜发展的，可不就是中间那个阶段？这就是中庸了。

为了说明这一点，我们不妨来看一个例子：

乾卦

大家看到的，是六十四卦中的乾卦。对它的解释，关键在于爻辞和《乾·文言》。《乾·文言》是《易传》中的一篇，据说是孔子的作品。这个当然靠不住，我们不去管它。爻辞，则是《易经》的文字之一。《易经》的文字有三种：卦名、卦辞、爻辞。比如《易经》第一句话，是"乾。元亨利贞"。乾，就是卦名。元亨利贞，就是卦辞。卦辞是说明全卦的。除了卦辞，还有爻辞。爻辞是说明每一爻的。《易经》六十四卦，每卦六爻。它们的位次，是从下往上数，不能从上往下数。最下面一位，叫"初"。最上面一位，叫"上"。其余四位，二、三、四、五。遇到阴爻，就称为"六"。遇到阳爻，就称作"九"。乾卦是六根阳爻。因此，依次是初九、九二、九三、九四、九五、上九。

现在我们来看，乾卦的爻辞怎么说。

乾卦爻辞的第一句，是"初九，潜龙勿用"。为什么会有这样一个解释？我们知道，乾，是纯阳之卦。所以，我们看初爻的时候，必须"见初阳而不见其余之阳"。换句话说，就是要把上面五根，都看成性质相反的，看成阴爻，这才符合"阳卦多阴"的原则。这样得出的印象是什么呢？是一条龙在最底下（一阳爻），上面是万丈深渊（五阴爻）。这个时候，你就不要乱动。不动又怎么样？潜伏。而且，《乾·文言》还可能有一种观点，就是将天时的十二个月，分配于六爻，每爻两个月。龙的活动，从下往上，与时偕行（请参看高亨《周易大传今注》）。那么，初九是什么时候？夏历的十一月、十二月。此时，阴盛阳衰，"阳气潜藏"（《乾·文言》），龙也只好歇着，睡大觉。这就叫"潜龙勿用"。

接下来，是九二。九二的爻辞，是"见龙在田，利见大人"。为什么呢？原来别卦六爻，最下面两个代表地，叫"地道"。最上面两个代表天，叫"天道"。当中两个代表人，叫"人道"。天、地、人，叫"三才之道"。九二处于地道上位，龙就到地面上来了，所以叫"见龙在田"。见（读如现），显现的意思。龙出现在田里，当然"利见大人"。何况这时，是夏历的一月、二月。春光灿烂，大地锦绣，《乾·文言》称作"天下文明"，当然大大的好。

九三，龙到了人道的下位，所以爻辞是"君子终日乾乾，夕惕若厉，无咎"。乾乾，就是勤奋而强健。惕，就是警惕。白天勤奋而强健，夕阳下山了，还很警惕，那就没有问题了（无咎）。这个时候，是夏历的三月、四月，也是农作物的发育期，必须小心伺候。所以爻辞说要朝乾夕惕，《乾·文言》说要"与时偕行"。

九四呢？九四的爻辞是"或跃在渊，无咎"。九四在人道上位，象征着龙到了深渊之上，天穹之下，进退自如，也很好。这时，是夏历的五月、六月，是农作物的成长期，也是酷暑之时，《乾·文言》的解释是"乾道乃革"。革，就是变。怎么变？变成最好和最不好。

最好的是九五。此时，是夏历的七月、八月，正是收获季节。爻位九五，也已经进入了天道，就像龙飞到天上去了。龙在天上飞翔，草木在地上丰收，当然非常之好。所以九五的爻辞，是"飞龙在天，利见大人"。《乾·文言》的解释，则是"乃位乎天德"，也就是阳气的最佳状态，天德的成功之时。

最后是上九。怎么样呢？爻辞说"亢龙有悔"。为什么？过头了。九五的时候，你已经飞到天上去了，还往哪儿飞啊？这就是"亢"。亢，就是极致、极端、顶点、最高处。再飞，可就要后悔了。这个时候，是夏历的九月、十月。所以《乾·文言》的解释是"与时偕极"，也就是和时节一起，达到阳气的鼎盛时期。盛极必衰。接下来，就要进入寒冷的冬天。或者说，要反身进入坤卦，从头开始。

这就是"龙"从初九到上九的发展变化过程。这个过程，跟前面说的情况完全一样。

现在我们再看一看这六句爻辞。初九是"潜龙勿用"，上九是"亢龙有悔"，都不怎么好。九二、九五，都是"利见大人"，大大地吉利，大大地好。九三、九四呢？是"无咎"，也没问题。这样看下来，大家发现规律了没有？规律就是两头的不好，当中的好。初九、上九是两头，九二、九三、九四、九五是当中。当中四爻，又数九五、九二最好。为什么？因为它们是当中的当中。别卦是经卦（八卦）相重。九五和九二，刚好在两个经卦当中啊！

在这里，《易经》表达了一种什么思想呢？两个字：**执中**。前面说过，《周易》认为，世界永远在变化，事物永远在发展。那么，发展变化到什么程度最好？**时间、地点、方式，都恰到好处，就是发展变化的最佳状态**。这个"恰到好处"，其实就是"中庸"。中庸，就是"无过无不及"。初九不够水平，是"不及"；上九做过头了，是"过"。过犹不及，所以都不好。怎样才好？当中才好。而且，越是当中，越好。

所以，**中庸，就是《周易》的原则**。也因此，别卦六爻，最重要的就是二和五。用《易传·系辞下》的话说，就是"非其中爻不备"。其实，就连打麻将，二和五也很重要。"二五八将"呀！为什么还有八？麻将条、饼、万，都是九张牌。分成三组，等于三个"经卦"（八卦）。每组当中的，就是二、五、八。由此可见，中庸之道，真是无处不在啊！

事实上，中庸之道，也是中国文化一种独特的智慧。那么，请问什么是中庸呢？中庸之道又是什么道理呢？中庸之道是不是不讲原则呢？如果中庸之道是讲原则的，那它的原则又是什么呢？这是我将在下一章告诉大家的。

中庸的原则

中庸不是什么

中庸这个思想，以前是受批判的，尤其是"文化大革命"当中，中庸的名声很不好。为什么不好呢？因为当时提倡"斗争的哲学"。讲斗争，是谁的哲学？法家。法家是主张矛盾、主张斗争的。矛盾这个词的"著作权"，就属于韩非。而且法家主张的斗争，还是你死我活势不两立的，叫作"不是东风压倒西风，便是西风压倒东风"。这个话，虽然是《红楼梦》里面的，但这种思想，来源于法家。年纪大点的朋友都知道，"文革"后期有个运动，叫"评法批儒"。所谓"评法"，其实就是赞成法家。批儒，就是批判儒家。法家既然讲"斗争的哲学"，则儒家的中庸之道就被定义为"调和的哲学"。也就是说，为了跟法家树一个对立面，儒家的中庸就背了黑锅。什么骑墙，和稀泥，好好先生，没有原则，各打五十大板，等等。这就是当时理解的中庸之道，也是很多人理解的中庸之道。所以我们今天讲中庸，不能一开始就讲它是什么，我们先得讲它不是什么。

中庸不是什么呢？

第一，中庸不是老好人。

老好人在孔子那里叫"乡原"，也写成"乡愿"。即便是"乡原"，这个"原"也要读作愿。什么叫作乡原？在《孟子·尽心下》，孟子有个定义：

> 非之无举也，刺之无刺也；同乎流俗，合乎污世；居之似忠信，行之似廉洁；众皆悦之，自以为是，而不可与入尧舜之道。

什么意思呢？第一，挑不出毛病。所谓"非之无举也，刺之无刺也"，就是你要反对他吧，他没什么可反对的；你要批评他吧，他没什么可批评的。第二呢，看起来很好，又忠诚，又诚信，又廉洁（居之似忠信，行之似廉洁）。所以，第三，大家都喜欢他（众皆悦之）。第四，他自己也很得意（自以为是）。但是，他在本质上，是同流合污（同乎流俗，合乎污世），不合正道（不可与入尧舜之道）的。这样的人，就叫作老好人，就叫作乡原。

对于这样的人，孔子怎么说呢？《论语·阳货》说：

> 乡原，德之贼也。

什么叫贼？现在的理解，是小偷。做贼嘛，偷东西。但古文不是这个意思。贼，在古汉语里面是人身伤害。偷东西叫什么呢？叫盗。盗是财产侵犯，贼是人身伤害，寇是外敌入侵，匪是犯上作乱。比如日本鬼子就叫日寇，德国鬼子就叫德寇，这些都是外敌入侵。过去国民党和共产党打仗，就不这么叫。双方都管对方叫"匪"，没有叫寇的，也不叫贼，也不叫盗。孔子说"乡原，德之贼也"，就等于说老好人对道德进行人身伤害，会要了道德的命。

孔子对老好人，为什么如此深恶痛绝呢？孟子说，是因为孔子痛恨那些似是而非的东西（恶似而非者）。在孔子的眼里，老好人就好比稻田里的稗草。它长得和稻子很相似，但它不是稻子。田里面稗子如果多了，稻子就长不好。这就好比癌细胞。癌细胞也是细胞。它为什么不好？因为它"吃饭不干活"。癌细胞跟正常细胞一样，也要吸收我们人体的营养，却又不承担细胞的功能，生长速度还特快。结果它占了一个地儿，正常细胞就不能生长不能工作了。全身都长满不干活的癌细胞呢？人就死了嘛！如果全社会都是老好人呢？这个社会就死了。所以老好人就是"德之贼"，中庸也不可能是老好人。

第二，中庸不是和稀泥。

据《论语·颜渊》的记载，有一次，鲁国的执政者季康子，向孔子讨教"黑社会问题"，说我们这个地方盗贼猖獗，该怎么办？孔子说什么呢？孔子说：

苟子之不欲，虽赏之不窃。

什么意思？就是说，如果你们这些当权派自己不贪心，就是奖励盗窃，也没人去偷去抢。言下之意，民间盗窃盛行，是因为官方贪得无厌。这个话，就说得很重、很直，而且明摆着会得罪人，哪有一点和稀泥的意思？

实际上，孔子这个人，是实事求是、直言不讳的。据《论语·为政》记载，有一次，孔子对他的学生子路说：

由！诲女（汝）知之乎？知之为知之，不知为不知，是知也。

由，就是仲由，也就是子路。知，有两个读音，既读知识的知，也读智慧的智。孔子说，阿由啊，让我来告诉你，什么叫作知识？什么叫作智慧？知道就是知道，不知道就是不知道，这就是智慧，这就是知识。所以，他是个实事求是的人，他不会主张和稀泥。

第三，**中庸不是没原则**。

孔子这个人，其实是很讲原则的。《论语·为政》记载了他这样一句名言：

君子周而不比，小人比而不周。

这里的这个"比"，古时念成避。"比"和"周"，是相反的。周是什么呢？周是团结。比是什么呢？比是勾结。比方说，吃吃喝喝，拉拉扯扯，狐朋狗党，酒肉朋友。周呢？和衷共济，精诚团结。我们都知道一句名言——团结是要有原则的。无原则地在一起，那就是勾结，就是比。所以，君子之交淡如水，小人之交甜如蜜。小人勾结在一起是毫无原则的。因此，作为"君子之交"，中庸就不可能是没原则。

实际上，在儒家这里，**中庸不但是讲原则，而且中庸本身就是原则，是最高的原则**。《论语·雍也》记载孔子的话说：

中庸之为德也，其至矣乎！民鲜久矣。

这话什么意思？就是说，中庸作为一种道德，难道不是最高的原则吗？可惜已经很久不见了。那又怎么办？当然是应该坚持这种原则，回到这种原则。

由此我们可以得出结论来：中庸不是老好人，中庸不是和稀泥，中庸不是无原则。

那么，中庸究竟是什么呢？

什么是"中"

关于中庸的解释，历史上有很多很多。我们去读《论语》，读《礼记》的《中庸》，都可以读到很多的注解，学术界也把它讲得很复杂。我却觉得，中庸其实很简单，简单得可以总结为这样两句话：**中就是不走极端，庸就是不唱高调。**

我们先讲"中"。

还是举一个反面典型。孟子讲，人当中有一种，叫作圣人。他们是"人伦之至"（《孟子·离娄上》），也就是道德品质最优秀、最高尚的人，比如伯夷、伊尹、柳下惠、孔夫子。这四个，是圣人的代表，也是四个典型。伯夷叫"圣之清者"，就是圣人当中最清高的；伊尹叫"圣之任者"，就是圣人当中最负责任的；柳下惠叫"圣之和者"，就是圣人当中最随和的；孔子呢？叫"圣之时者"，时间的时，时尚的时，时髦的时。什么意思？鲁迅先生说，大概只能翻译为"摩登圣人"。而且鲁迅先生还说，除了这个，也没有别的办法可以翻译。我想，搁在今天，大约也可以翻译为"文化超男"。

当然，这不是孟子的原意。孟子的原意，所谓"圣之时者"，就是圣人当中最识时务的。这四个圣人的代表，孟子认为，有两个是不可以学习的，有两个是应该学习的。哪两个是不可以学习的呢？一个是伯夷，一个是柳下惠。

伯夷的故事，大家都知道一点。兄弟两个，哥哥叫伯夷，弟弟叫叔齐，两个都是殷商王朝大大的忠臣。周武王伐纣的时候，伯夷、叔齐去反对，说殷是君，周是臣，以臣弑君，你这是犯上作乱，不可以的！周武王没听他的，去把殷纣王灭了。于是伯夷、叔齐，就跑到首阳山上住着，说是饿死也不吃你们周朝的米。结果有一天，来了一个人，跟他俩讨论这个问题。这人说，普天之下，莫非王土。这宴会厅的小米，固然是周天子的；首阳山上的野菜，难道就不是？这哥儿俩一想，也是，这野菜也吃不得啊！结果就饿死了。

其实，在《孟子·公孙丑上》和《孟子·万章下》中，孟子对伯夷的清高都有描述。大体上说，此人的特点和原则，是不好不道德的东西不看，叫作"目不视恶色"。不好不道德的言论不听，叫作"耳不听恶声"。不是合格的君主他不侍奉，叫作"非其君不事"。不是合格的民众他不领导，叫作"非其民不使"。如果政府里面有坏人，他不去做官，羞与同列，叫作"不立于恶人之朝"。也不跟坏人说话，叫作"不与恶人言"。如果某个人，他认为是个坏人，或者道德品质不好，或者有污点，不干净，哪怕是他的老乡，也躲得远远的，避之唯恐不及，就像躲麻风病人。所以，伯夷是圣人当中最清高的。

柳下惠呢？相反。哪怕那君主是个昏君、暴君，他也去做官，不以被这样的混蛋领导为耻辱，叫作"不羞污君"。给他的官位再小，也去做，叫作"不卑小官"。和乡亲们在一起，哪怕这些人都是道德品质低下的，都是有道德污点的，他也不离开，他跟你笑眯眯的（与乡人处，由由然不忍去也）。在柳下惠看来，他是他，我是我。他有毛病，不等于我也有啊！难道他的恶劣的品质，会像麻风病、梅毒一样传染到我吗？不会的。那我干嘛不跟他们在一起？我跟谁都可以在一起，好人坏人我都来往。没关系嘛！

孟子说，这两个，影响大呀！什么影响呢？和伯夷在一起，贪婪的人会变得廉洁，懦弱的人会变得勇敢，叫作"顽夫廉，懦夫有立志"。为什么呢？因为伯夷实在太高尚，太清高了。他是宁肯饿死，都不吃嗟来之食的。在这样一个人面前，你还会起贪婪之心吗？在这样一个死都不怕的人面前，你还会胆小怕事吗？不会。柳下惠呢，则能使狭隘的人变得宽容，刻薄的人变得敦厚，叫作"鄙夫宽，薄夫敦"。因为他什么人都能包容啊！品位再低下，品质再恶劣，他都跟你笑，都跟你来往。在这样的人面前，你都不好意思狭隘了，你都不好意思刻薄了吧？所以，这两个都是圣人，都能起道德表率作用。

然而，孟子还是说"君子不由也"（《孟子·公孙丑上》）。什么意思呢？君子不向他们学习。为什么？走极端。孟子说，伯夷的问题，是太清高了。柳下惠呢？又太随和。他们的清高和随和，都过了头。由此可见，中庸就是不走极端。

那么，怎样才叫不走极端呢？

所谓不走极端，其实包括两个方面：**既不缺位，也不越位；既不过头，也不掉队**。据《论语·先进》，有一次子贡问孔子，说"师与商也孰贤"。师，就是孔子的学生颛孙师，字子张；商，就是孔子的学生卜商，字子夏。子贡的意思，是问子张和子夏这两个学生，老师觉得哪个更优秀一点？孔子回答说"师也过，商也不及"，意思是子张这个人走过头，子夏这个人跟不上。于是子贡就问孔子，那么是不是阿师（子张）比阿商（子夏）强一点呢？孔子显然并不这么认为，他说了非常重要的四个字：

过犹不及。

什么意思呢？**走过头等于跟不上**。为什么？不"中"。比如我们从广州到武汉，你走到长沙就不走了，这叫作"不及"。一口气跑郑州去了，这叫"过"。结果一样，都没到你要去的地方，所以说"过犹不及"。

显然，**中庸就是无过无不及，就是恰到好处**。《论语·雍也》记载孔子的话说：

质胜文则野，文胜质则史。文质彬彬，然后君子。

什么叫质？什么叫文？质，本意是原材料，质材。转过来引申为什么呢？质朴、质直，本来面目。文呢？装饰、精加工。转意是什么呢？华丽、文雅、修饰。那么，孔子这段话，什么意思呢？就是说，一个人应该质朴，同时又应该有修养。如果过于质朴，一点修养都没有，或者质朴过了头，就会粗鄙、粗俗、粗鲁。这就叫"质胜文则野"。相反，如果太讲究修饰，一举一动都中规中矩，每句话都挑不出毛病来，这样的人就虚伪。因为他永远在说正确的话，连标点符号都不会错，这得用多深的心计啊！这样的人，我是不敢交朋友的，因为我永远不知道他心里想什么。这就叫"文胜质则史"。

孔子认为，这两种，都不对。正确的是"文质彬彬"。什么叫"彬彬"呢？根据东汉学者包咸的注释，彬彬就是"相半之貌"。也就是文一半，质一半，既质朴，又有修养和文采。而且，文雅的程度和质朴的程度，是刚好相等的。这样的人，才是君子。

由此可见，一个人，太狭隘了不好，太随便了也不好；做不到不好，做过头也不好；太质朴不好，太修饰也不好。怎样才好？**不偏不倚，恰如其分，最好**。这就叫作"中"。

什么是"庸"

下面说"庸"。

什么是"庸"呢？我刚才说是不唱高调。为什么呢？因为庸这个字，有"常"的意思，平常的常。所以，庸就是庸常，也叫平庸。平庸是什么呢？普普通通。另外，庸，还有一层意思，就是"用"。一个庸常，一个使用，这两个意思加起来，就是**"常用"**。也就是说，**经常用得到的这个普普通通的"道"，就是中庸之道**。

既然是"常用"，那就不能唱高调。孔子不唱高调吗？不唱。《论语·宪问》说，有一次，有人问孔子："以德报怨，何如？"就是说，别人对我很坏，我却用好心和恩德去回报，您老人家觉得怎么样？如果是现在，可能很多人会说，好啊！以德报怨，这多高尚啊！孔子却不以为然。孔子反问："何以报德？"就是你拿恩德去回报了仇怨，请问又拿什么去回报恩德？你的恩德不是回报仇怨去了吗？或许有人会说，也可以"以德报德"嘛！那好，那我问你，恩德用恩德回报，仇怨也用恩德回报，对于恩德来说，公平吗？

所以，以德报怨，其实是可以讨论的。那应该怎么样呢？孔子说了八个字：

以直报怨，以德报德。

这后面四个字好理解，就是用恩德回报恩德。所谓"滴水之恩，当涌泉相报"，这个肯定是对的。问题是什么叫"以直报怨"？这个话的解释，学术界争论得一塌糊涂，各种观点都有。我最赞成康有为的解释。康有为怎么说呢？他的《论语注》说：

孔子非不能为高言也，藉有高深，亦不过一二人能行之，而非人能共行，亦必不能为大道，孔子即不言之矣。

什么意思？就是这个"以德报怨"啊，确实是很高的道德境界。孔夫子他老人家，难道就不能提出这样一个高标准吗？能啊！那他为什么不说呢？因为孔子意识到，这不是大多数人能做到的。就算有人做得到，那也就是三两个人而已。既然如此，就不能作为一个标准提出来。道，或者说，伦理道德，它在哪里？就在我们当中，是我们每个人都能实行的。道不远人，如果只有少数人能实行，这种道德就肯定行不通。行不通，又要提倡，结果是什么呢？只能造就伪君子。

所以，道德不能唱高调。不唱高调又怎么办？实事求是，科学分析。现在我们看，恩德和仇怨，无非是四种关系，对不对？以德报德，没有问题，所有人都会赞成，不必讨论。以怨报德，肯定不行。这是小人行径，甚至简直就是坏人，也不必讨论。以德报怨呢？刚才讨论过了，大多数人做不到。剩下可以讨论的，就只有"以怨报怨"了。可惜这个，也不能提倡。以怨报怨，今天你给我一耳光，明天我给你一拳头，后天你再给我一脚，大后天我再给你一刀，这怨怨相报何时了？所以学术界有些人说，孔子的以直报怨就是以怨报怨，我就不赞成。我认为孔子不会提倡这个。

以德报德理所应当，以怨报德必须否定，以德报怨要求太高，以怨报怨不宜提倡，这就是我们分析下来的结果。结论是什么呢？报德好说，报怨难办。以德报怨，以怨报怨，两个选项，都不合适。怎么办呢？

这就必须有第三种方案，一个既合乎正道又能为普通人实行的方案。于是孔子提出，既不报之以怨，又不报之以德，而是报之以直。

问题是，什么叫"以直报怨"？

我认为，用最土的话来翻译，就是三个字——**看着办**。如果再展开来解释，**就是该怎么着就怎么着**。

为什么这样说呢？其实我是参照了孟子对圣人的那个讨论。孟子说，圣人的四个代表，有两个是不可学习的，有两个是应该学习的。不可以学习的，是伯夷和柳下惠，因为他们都走极端。值得学习的是谁呢？一个伊尹，一个孔子。伊尹是怎么样的呢？前面讲过，伯夷是"非其君不事，非其民不使"。伊尹的说法，却是"何事非君，何使非民"。也就是说，什么样的君主不是君主？什么样的人民不是人民？换成现在的话说，什么样的领导不是领导？什么样的下级不是下级？关键不在于人家是什么人，在于你是什么人嘛！你是一个负责任的人，什么样的领导下面都能工作，什么样的下级也都能领导。这是伊尹的观点。孟子认为这是对的，就该这么做。

孔子呢？孟子给出的说法，是"可以速而速，可以久而久，可以处而处，可以仕而仕"。什么意思？就是可以马上走就马上走，可以继续干就继续干，可以隐居就隐居，可以做官就做官，没有什么一定之规，一切都看可不可以。这，不就是"看着办"，不就是"该怎么着就怎么着"吗？

说到这里，可能有人会不以为然。以为这个"以直报怨"，难道就是随心所欲，想怎么着就怎么着，没原则啊？当然不是。前面说过，孔子是讲原则的，而且中庸本身，就是最高原则，怎么会没有原则呢？如果没原则，孔子就不会说"以直报怨"了。直，就是原则嘛！

其实，这里的关键，是"可以"二字。所谓"可以"，也包括两个内容，一是**应该**，二是**能够**。就是说，如果我们觉得，这是我应该做的，同时也是我能够做的，我就去做。这就叫"直"。具体到本案，就是我觉得应该怎么回报，也能够怎么回报，我就这么回报。这种回报，可能是以德报怨，也可能是以怨报怨，还可能是不报。不报当然也是报，但不属于"以德报"，也不属于"以怨报"。至于是哪一种，全看应不应该、能不能够。这就是"看着办"。显然，它是"该怎么着就怎么着"，并非"想怎么着就怎么着"。这就叫"以直报怨"。

我觉得，孔子的这个说法，很实在，也很高明，还很正确。为什么实在？因为不唱高调，谁都做得到。为什么高明？因为有多种选择，并不拘泥于德或怨。为什么正确？因为既解决了问题，又坚持了原则。孔子的"中庸之道"，是不是很有道理？

关于"中庸"的三个结论

根据前面的讨论，我们可以得出三个结论来。

第一，中庸一定是常人之道。

什么叫"常人之道"？就是普通人也能做到的，不是什么神秘的东西。儒家的伦理道德学说有一个特点，就是强调任何人，所有人，最普通的人，再没有文化的人，都能做到。所以，他们绝不唱高调，绝不提一个高不可攀的目标出来。比如《礼记》里面讲，一个孝子，应该做到"出必告，反（返）必面"。什么意思呢？就是出门的时候，你一定要告诉父母亲；回家以后，也一定要跟父母亲见个面。做不做得到？做得到吧！太容易、太好做了！但儒家认为，这是做人的本分，也是很高的道德。为什么呢？因为你有将心比心、推己及人的心理能力，能够处处替别人着想。比方说，你能够想到，不打招呼就跑掉了，然后半天不回来，父母亲要担心啊！为了不让父母亲担心，出门之前一定要打个招呼，回家以后一定打个照面。这就是孝心，也就是孝行啊！这种孝行，是人人都能做到的。

所以儒家讲的东西，一定是非常非常普通的，以至于很多人认为，孔子他们也没什么了不起。你说他有多了不起的学说？没有。说来说去，也就诸如此类，打个招呼，打个照面，等等。这也要说？但是真的要说，我看现在很多孩子都做不到呢。

中庸也是这样。一个"不走极端",一个"不唱高调",有多难呢?实在不难。但是真要做到,又很不容易。没有几个。为什么?为了把自己跟那些"平庸"的、"庸常"的,甚至"庸俗"的大众区别开来。也就是说,他们绝不能"庸"。这就要唱高调。

唱高调的结果必然是走极端。为什么?因为**高调就是极端**,否则就叫"中调"了。走极端是谁的思想方法?法家的。前面说过,矛盾一词,就是韩非发明的嘛!韩非还有一句话,叫作"冰炭不同器而久,寒暑不兼时而至"(《韩非子·显学》)。也就是说,冰和燃烧着的炭,能够在同一个器皿中长期共存吗?不能。不是冰熄灭了炭,就是炭融化了冰,要不然就是冰也化了,炭也熄了,同归于尽。同样,严寒和酷暑,也不可能在同一时刻到来。所以,你只能走极端:要么冰,要么炭,要么严寒,要么酷暑。

但是,法家走极端,却并不唱高调。先秦诸子儒墨道法,前三家都是理想主义者,唯独法家是现实主义者。法家,怎么会唱高调?其实,就连先秦时期的儒、墨、道三家,也不唱高调。他们主张的那些东西,克己复礼也好,平等互利也好,无为而治也好,也不是多难的事。之所以不能实现,不是调门太高,是不合时宜。

那么,后来的人,怎么就既唱高调,又走极端呢?我认为与汉武帝和董仲舒有关。他俩干了一件什么事?罢黜百家,独尊儒术。要独尊,就得拔高。高高在上,才能唯我独尊嘛!这下子,调门可不就高了?但是,汉武帝的子子孙孙,还有后来的那些统治者,心里跟明镜似的。他们很清楚儒家那一套,其实不能治国,只能用来忽悠,忽悠老百姓不造反。真正管用的,还是法家的"两面三刀",也就是赏和罚,以及权势、权术、刑法,即"势、术、法"。这一点，我在《先秦诸子》和《儒墨道法的救世之策》两书中都有细说。总之，武帝以后，历朝历代统治者的办法，是明儒暗法、外儒内法、阳儒阴法。儒家是公开的执政党，法家是暗中的执政党。法家走极端的思想方法，当然能够流行。

更何况，唱高调和走极端，原本就相得益彰。唱高调一定走极端，走极端也一定唱高调。为什么？因为走极端，是需要道义支持的。你得说，我这样做，是为了某种崇高的理想，或者某个崇高的目标。这样，你走起来，才理直气壮，才大义凛然，才所向无敌。

这倒也是顺理成章的事。然而结果是什么呢？是孔子被神圣化，中庸被妖魔化。也就是说，当孔子被哄抬到"唯一圣人"的吓人高度时，他最钟爱的"中庸之道"却完全变了味儿，变成了和稀泥、没原则、风吹两边倒、各打五十大板等等。这也不奇怪。既唱高调又走极端的人，是不可能真正理解"中庸"的；而那些被种种高调逼得走投无路的人，也就只好装样子、耍滑头。结果，中庸变成了乡愿。

这样一说就清楚了。要恢复中庸的本来意义，就得把孔子从神坛上拉下来。**孔子"去神圣化"，中庸才能"去妖魔化"**。孔子恢复为"常人"，中庸才能恢复为"常道"，即**"常人之道"**。常人之道的特点是什么？不唱高调。这是第一点。

第二，**中庸一定是适中之道**。

这一点，似乎不用多讲。因为中庸不仅是"庸"（不唱高调），更是"中"（不走极端）。这就肯定要"适中"。比方说，既不唱高调，也不趋下流，既反对只有追求，又反对没有底线。如果你只有追求，不考虑现实，不断提一些很高的道德标准要求，这就是走极端。如果你放任自流，连底线都没有了，也是走极端，都不是中庸。

不过，中庸讲适中，还因为它是"常人之道"。常人是什么人？是大多数，也是中间派。圣人，像尧舜那样的，是极少数。恶魔、恶棍、十恶不赦的家伙，也是极少数。大多数是常人，是普通人。他们不像圣人那么好，也不像恶棍那么坏，所以是"中间派"。为他们定标准，可不就得"适中"？

由此可见，适中，不但是"中"，而且是"适"。适，可能比"中"还重要。或者说，中，其实是为了"适"。实际上，**世界上没有最好，只有最合适**。比方说找老婆、找老公，你说我要找个世界上最好的，那对不起，这是不可能的，也是不对的。为什么？因为"最好"只有一个。否则，怎么叫"最"呢？那么好了，世界上只有一个女人是最好的，难道大家都去爱她？世界上也只有一个男人最好，难道大家都去找他？那哪成啊！实际上，对你最合适的，就是最好的。这就是中庸，**中庸就是最合适**。怎样最合适？**不走极端**。这是第二点。

第三，中庸一定是可行之道。

这一点，应该也不成问题。你想嘛，孔子，他为什么要主张一种"常人之道"？他为什么不弄点儿"惊世骇俗"的东西来？就是为了"可行"啊！正所谓"非不能为高言也"，只因为"非人能共行"，这才"不言之矣"。反过来，他讲中庸，包括讲"以直报怨"，就因为它既平常，又适中，可操作。实际上，孔子，还有孟子、荀子，都是很注重"可行性"的。他们提出的社会改革方案，无论怎样具有理想主义的色彩，都会有"可操作性"。至少，看起来有。也就是说，先秦儒家孔、孟、荀，其实是处于理想主义和现实主义之间的。这也是中庸。不在理想与现实之间走极端，是中；注重"可行性"，是庸。"庸者用也"嘛！

不唱高调，不走极端，切实可行。现在，中庸是怎么回事，大体上就讲清楚了。接下来要讨论的，是与中庸有关的两个概念。这两个概念，一个是权宜，一个是和谐。

中庸与权宜

权宜，包括权和宜。我们先说"宜"。

什么是"宜"？宜，就是前面说的那个"可"。**可，是中庸的原则。它是应该，也是能够**。伊尹就是"应该"的榜样，孔子就是"能够"的榜样。当然，应该与能够，并不矛盾。而且，"应该"还是前提条件，即首先是"应该"，然后是"能够"。所以，孔子也是讲"应该"的。还是子贡，曾经问孔子，说如果乡亲们都喜欢我，老师你看怎么样？孔子说"未可也"，也就是还不怎么样。子贡又说，那如果大家都不喜欢我，怎么样呢？孔子说，那就更不怎么样了。那么，要怎么样，才算怎么样呢？孔子的说法，是"不如乡人之善者好之，其不善者恶之"（《论语·子路》）。也就是说，好人都喜欢你，坏人都不喜欢你，这才对。

这就是"可"，也就是"适"。可见，**合适不但是合人，也不但是合己，更重要的是合道**。什么道？**正道**。这是中庸"原则的原则"。也就是说，**中庸的第一原则，是"正"**。其实，在儒家这里，**中，就是正**。为什么是正？因为不正，就偏。偏，就不会在中间。《中庸》

里面有一句话，叫作"极高明而道中庸"。这里说的"极"，就是房屋的正梁，也就是上梁。这根梁，一定得是正的。否则，上梁不正下梁歪，那房子会塌。同样，这根梁，也一定是在当中的。放在当中，才"正"。上梁正正地放在当中，整栋房子就稳稳当当了。这就叫"极高明而道中庸"——上梁的"正当"决定了全体的"中庸"。中庸，就稳当。

正是中，也是直。正直嘛！所以，以直报怨，也可以解释为"以正报怨"。正是直，也是义。正义嘛！所以，以直报怨，也可以解释为"以义报怨"。那么，义又是什么呢？是"宜"。义者，宜也。义，就是"应该"，也就是"宜"。所以，以直报怨，又可以理解成"以宜报怨"，也就是"该怎么着就怎么着"。

这就是"宜"，也就是合适、应该、适当、对头。中庸讲"适中"，讲"正道"，当然要讲"宜"。问题是，什么宜，什么不宜？怎样宜，怎样不宜？要知道，世界千变万化，事情是纷繁复杂的。今天宜，明天不一定宜；此处宜，彼处不一定宜。这就要看情况。或者说，既要有原则，又要看情况。于是就又有了一个概念，这就是"权"。

什么是"权"？权，是儒家一种重要的思想方法。儒家的思想方法有一个基本的东西，叫作**"有经有权"**。经是什么呢？经就是织布机上的纵线。古人织布，是先有几根纵线固定在那里，然后用梭子牵着横线来回织。这个纵线就叫作"经"，横线就叫作"纬"。纬是动的，经是不动的。所以，经，又引申为"不变"。永恒不变的就叫作经，比如"经典"。最常规的也叫经，比如"经常"。这些概念，都是从这儿来的。

经是不变。权呢？变。权是什么？是秤砣。一杆秤，仨配件——秤杆、秤盘、秤砣。秤杆叫什么？衡。秤杆永远得是平的，叫"平衡"。秤砣呢？叫权。秤砣有一定重量，叫"权重"。有权有衡，就可以称重量，叫"权衡"。怎样权衡？看秤盘里面的重量。秤盘这边重了，秤砣就要往外挪；秤盘里面轻了，秤砣就要往里挪。所以，秤砣是移来移去的。

这就是经与权。**经就是不变的，权就是要变的**。有经有权，就是有的变，有的不变。什么不变？原则不变。什么变？方法可变。原则之所以是原则，就因为不能变。一变，就不是原则了。但，原则是抽象的，事情是具体的。具体问题，必须具体分析。因此，处理问题的具体方式，具体方法，就可以变，也必须变。这就是"权"，也叫"**权变**"。

权，在孔子那里是很高的境界。孔子有三个最高境界。**做人的最高境界是"仁"，治学的最高境界是"乐"，做事的最高境界是"权"**。《论语·子罕》记载孔子的话说：

> 可与共学，未可与适道；可与适道，未可与立；可与立，未可与权。

孔子这段话有三层意思，包括四个关键词，四个层次，四个阶段。

第一层意思，就是说，我们跟一些人，可以一起学习，这叫"同学"。同学是最容易的。跟着同一个老师，或者上同一所学校，就是同学了。但是，我们这些同学，将来却未必会走同一条道路。毕业以后，很可能就各奔东西，分道扬镳，各走各的路了，对不对？毕竟，人生的道路，是要自己去走的。更何况，学习的目的，也未必都相同。有些人是为了追求真理，有些人是为了功名利禄，还有些人则不过是为了将来混口饭吃。这样，不但一起学习，而且还一起追求真理的，恐怕就不多了。这就叫"可与共学，未可与适道"。适，就是去、往、向、追求。道，当然是孔子主张的"道"，也就是"正道"。这是第一层意思。

第二层意思，就是说，我们可能会走同一条道路，一起追求真理，但未必能够一起走到底，也可能有人中途退出，或者改变主意，或者无法坚持。这就叫"可与适道，未可与立"。立，本义是站立，引申为"站得住"。怎样才"站得住"呢？一是有成就，二是讲原则，三是能坚持。所以，杨伯峻、李泽厚和钱穆先生，就把"未可与立"的"立"，分别翻译为"取得成就""坚持原则"和"强立不变"（请分别参看杨伯峻《论语译注》、李泽厚《论语今读》、钱穆《论语新解》）。我比较倾向于钱穆先生的说法，因此翻译为"坚持到底"。

第三层意思，就是说，即便能够一起坚持到底，却未必能够一样善于权变。或者说，即便能够一起坚持原则，却未必能够同样灵活运用。这就叫"可与立，未可与权"。可以一起学习，未必同样追求；可以同样追求，未必共同坚持；可以共同坚持，未必一样权变。这就是孔子这段话的三层意思。

这三层意思，包括了四个关键词——学、适、立、权。它们同时也代表着四个层次。这四个层次，我概括为"同学、同道、同立、同权"。李零先生的《丧家狗》一书，则概括为"学道、适道、守道、用道"，也就是学习真理、追求真理、坚持真理、运用真理。这就是四个阶段了。李零先生和我，角度不同，意思一样。

这四个层次，或者四个阶段，一个比一个高，一个比一个难。最容易的，是在第一阶段，学道。一起学习真理，同学，并不困难。第二阶段，适道。同样追求真理，同道，就有点困难了。第三阶段，守道。共同坚持真理，同立，这个又要难一些。最难是在第四阶段，用道，也就是运用真理，同权。这就是孔子这段话的四个层次。

这事有点奇怪。我们知道，真理都是要运用的。运用，为什么是最难的呢？原来，难，并不难在运用，而在于灵活运用，也就是"权"。这也还不算最难。最难的，是"同样灵活运用"，即"同权"。如果能够"权"，就达到了做事的最高境界。如果能够"同权"，那就是人际关系的最高境界了。

这样一说，就有了问题。权和同权，为什么就最难呢？因为"权"虽然是变，或者说，是随机应变，却又不是没有原则。毕竟，权与宜，是统一的。而且，权变，正是为了"适宜"。适宜什么？正道。或者说，既要适宜于具体情况，比如因地制宜、因时制宜、因事制宜、因人制宜，但更重要的，还是要"宜于道"。所以，权，其实是"有经有权"，也就是"既有原则性，又有灵活性"。这个话，我们虽然经常说，却其实很难。为什么？因为无原则并不难。我不要原则，还不容易吗？坚持原则，也不很难。咬住牙，也就扛下来了。但是，既坚持原则，又很灵活，就太难了！我啥时候有原则，啥时候灵活嘛！更何况，我们中国人，一讲灵活性，很容易就变成油滑，变成世故，变成没有原则。一讲原则性呢？又很容易变成公事公办，毫不通融。总之，原则性不强就会变成圆滑，灵活性不够就变成刻板。所以儒家认为，有经有权，需要很高的修养。可见，权，并不容易。如果还要"同权"，也就是大家都一样地既坚持原则又灵活运用，那就肯定比"共同坚持原则"更难。

说到这里，或许有人会问：既然如此，咱不要这个"权"，行不行呢？恐怕不行。为什么？**因为有经有权，才是中庸**。只有经，或者只有权，就是"走极端"。所以，"既有原则性，又有灵活性"这句话，还是要实践的。只不过我们做起来，得要有足够的智慧而已。

权宜之法

说到"权宜之法"，我想起一个故事。大家知道，1997年香港回归之前，我国政府和末代港督彭定康之间，是不怎么愉快的。但是有一次，在一个国际会议上，我们的周南大使和彭定康狭路相逢，面对面地碰到一起了。这可真是冤家路窄，而且彭定康还把手伸了过来。这是个麻烦事啊！人家伸了手，你握不握呢？不握是不行的。在这种外交场合，不握就是不礼貌。想当年，周总理向美国国务卿杜勒斯伸出手去，杜勒斯没有握，就成了世界外交史上的一个事件。握，也是不行的。因为在这个时候，不能跟他太友好。这可咋办呢？周南的办法，是双手合十。刚好这次国际会议，也正是佛教大会。周南大使这么做，也很自然。结果，礼貌也有了，态度也有了，很机智。

所以，有经有权，要靠实践。实践当中，总会想出各种办法来。当然，大家要听我讲，也可以提几条原则性意见。

第一，**抓大放小**，也就是"**大事经，小事权**"。中国有些成语，针锋相对，寸土必争，恐怕不一定好。这样做的结果，是什么呢？是你死我活，是残酷斗争，是成王败寇。这是斗争的哲学，战争的思维，不是和谐的哲学，和平的思维。和平的思维，是主张谈判的，也是主张让步、妥协的。当然，让步、妥协，也要有尺度，有底线，有策略，那就是"原则问题不能让步，枝节问题可以商量"。因为谈判的时候，你总有一些是不可以讨论的。比如中英两国就香港问题谈判，小平同志就说主权问题不能谈。但是，也总该有一些事情是可以商量的。什么都不能商量，那还谈什么判啊？所以，原则问题必须针锋相对。非原则问题，"让他三尺又何妨"嘛！中东谈判，不也主张"以土地换和平"吗？怎么能"寸土必争"呢？总之，大问题，骨子里的东西，绝不让步。鸡毛蒜皮，就睁一只眼闭一只眼吧！不哑不聋，不做阿公，搞那么清楚干什么？

或许有人会说，你讲的这个"抓大放小"我不同意。我认为大事小事都重要，甚至小事更重要，"细节决定成败"嘛！所以，我的主张，是"大事不含糊，小事不马虎"，你觉得怎么样？这个问题，我现在就可以回答：很好！我还可以愉快地告诉你，我自己就是这种风格。我写稿子，是一个标点符号都不会放过的。即便如此，我仍然难免出错，笔误、口误不断。如果再大大咧咧、马马虎虎，那还得了？所以，我很赞成你的主张。

不过，我也必须负责任地告诉你，我能这样做，是因为我乃"文化个体户"。我在工作的时候，一般不需要与别人协调，也就不存在哪些让步、哪些坚持的问题。如果需要协调呢？就得"抓大放小"了。比如《百家讲坛》的节目，根据时长的规定，播出内容只能是三十三分钟。这就总得删掉一些东西。那么，哪些保留，哪些删去？也只能权衡轻重。也就是说，大事经，小事权，是讲需要权宜的时候。不需要权宜，就另当别论。

第二，**得意忘形**，也就是"**方向经，方式权**"。这一条，也可以理解为"内容经，形式权"，或者"目标经，路径权"。就是说，你要做什么，你的努力方向是什么，终极目标是什么，这个是不能改变的。否则，权宜就没有意义，或者就成了见风使舵，也就"不宜"。但是，如何达到目的，是可以商量的。这就好比你到某个地方去，走哪条路，是坐船、坐车，还是坐飞机，是可以选择的。又好比我们写文章，做讲座，实质性的东西得死守不放，表达方式则可以随意一点，可以根据情况来。方向、目标、内容，这是"意"；方式、路径、形式，这是"形"。只要得"意"，就可以忘"形"。当然，无论怎样权宜，你选择的，都只能是"正当手段"。你不能说，既然手段可以权宜，那我就去偷去抢。这肯定是不可以的。

第三，**各行其是**，也就是"**下级经，领导权**"。此话怎讲？就是同一个单位，企业也好，政府部门也好，在原则性和灵活性问题上，要有分工。原则性是由下级掌握的，灵活性是由领导掌握的，办事员不能有灵活性。办事的人也灵活，那就没谱了。领导为什么就可以灵活呢？因为他掌握全局，知道什么是西瓜什么是芝麻。而且，你不可能每件事都捅到领导那里去。这样，灵活处理的，总是少数，无碍大局，不至于伤及原则。

第四，**讨价还价**，也就是"**不能最好，就退而求其次**"。这也是孔子的主张。《论语·子路》记载孔子的话说：

不得中行而与之，必也狂狷乎？狂者进取，狷者有所不为也。

什么意思呢？我们交朋友，最好能交到"中庸之人"，叫作"中行"。万一找不到呢？那就交"狂者"或"狷者"。狂者，就是积极进取，突飞猛进，勇往直前的；狷者，就是消极抵抗，守住底线，有所不为的。这两种，也对付。

这话看起来，好像不符合中庸之道。因为所谓"狂者"，其实就是"过"。所谓"狷者"，其实就是"不及"。过犹不及，怎么也可以交往？对此，孟子有一个解释。在《尽心下》，孟子说，孔子难道不希望与"中庸之人"交往吗？可是不一定找得到嘛！也就只好退而求其次（**孔子岂不欲中道哉，不可必得，故思其次也**）。看来，就连中庸，也可以打折扣，可以商量，可以权。在这里，**中庸是经，狂狷是权**。

但是，请大家注意，孔子的"讨价还价"，也是有原则，有底线的。这条底线，就表现于所谓"狷者"。狷是什么？有所不为。什么不为？不道德的事情，不正确的事情，绝对不做。我是很看重这一条的。因为做一个勇士，做一个烈士，这个标准太高了，大多数人做不到，至少我是做不到的。因此，我的主张，是**守住底线**。比方说，讲话。你说我这人永远说真话，我所有的真话都说出来，我想什么就说什么，做得到吗？可能有人做得到，但未必所有人、大多数人都做得到。那怎么办呢？守住底线。什么底线？不说假话。如果这也做不到，那就再退一步，守住最后一条底线——不说话。这，总做得到吧？

所以，我们千万不要小看这个"守住底线"。**守住底线，比追求高尚重要得多**。

中庸与和谐

说完权宜，再说和谐。

和，是中国文化的重要概念。《论语·子路》记载孔子的话说：

> 君子和而不同，小人同而不和。

这段话，大家都很熟悉，也很重要，因为讲了两个概念——和与同。这两个概念，表面上看一样，其实很不一样。怎么不一样？打个通俗的比方，男人和女人在一起，就叫"和"。男人和男人、女人和女人在一起，就叫"同"。和又怎么样？能生孩子。同又怎么样？不能生孩子。所以，西周时期的思想家史伯就说：

> 和实生物，同则不继。

史伯这话，记载在《国语·郑语》里。意思也很清楚——和，就能产生新的生命；同，就难以为继，没有前途。其实，和，不仅是异性相交，也包括反对近亲繁殖。近亲繁殖也是同，远亲繁殖才是和。血缘关系越远，生下来的孩子就可能越优秀。

显然，这是我们民族在社会实践中得出的结论，与农牧业生产有关，与人类自己的繁衍生息也有关，在《周易》当中也有反映。《易经》六十四卦，基本上都是既有阳爻又有阴爻的，而且"阳卦多阴，阴卦多阳"。这就是和。只有乾坤两卦，纯为阳爻或阴爻。但是，看卦的时候，不能这么看，仍然要看成有阴有阳。比方说，看乾卦，要把初爻上面的五爻，都看成阴爻，叫作"见初阳不见其余之阳"。看坤卦也一样，要"见初阴不见其余之阴"。为什么？有阴有阳，才是"和"。这个问题，上次已经讲了，不再重复。

这么一说，我们就看出"中"与"和"的联系与区别了。**中，是反对走极端；和，是反对无差异**。或者说，**不片面就是"中"，不单一就是"和"**。再或者说，**中，就是不偏不倚；和，就是多样统一**。

实际上，中国文化从来就是反对单一的。有句老话，叫作"水至清则无鱼，人至察则无徒"。水干净得不能再干净，纯净水，能养鱼吗？不能。一个人，太精明，明察秋毫，也不是什么好事。还是像我这样老花眼比较好，经常有些东西看不清楚，但大的方向还是看得清的。还有一句老话，叫作"峣峣者易缺，皦皦者易污"。峣峣者，就是又薄又尖又脆的东西，啪的一下就折断了。皦皦者，非常非常干净的，也很容易污染。这就叫"白衣难穿，好人难做"。相反，海纳百川，有容乃大。海纳百川，总不能纳的都是矿泉水啊！江河奔涌，泥沙俱下，鱼龙混杂嘛！《荀子·法行》说，有人问子贡，你们老师的门下，怎么乱七八糟的，什么人都有啊？子贡说，君子正身以待，来者不拒嘛！再说了，你没听说过"良医之门多病人"吗？

所以，清一色，未必是什么好事。相反，越是多样，越有差异，越好。万紫千红，百花齐放，百家争鸣，就是多样嘛！一花独放，不好。但是，单一固然不是和谐；如果只有多样，也不是。既多样又统一，才是和谐。因为只有这样，才是中庸。怎样是多样统一？刚柔相济，德才兼备，文武双全，都是。还有"南人北相"或"北人南相"，也是。中国的"命相学"认为，南方人像北方人，北方人像南方人，一定大富大贵，最好。为什么？他内部有差异性，有冲突，有矛盾，但又统一。

问题是，我们怎样做到呢？也有几条建议。

第一条，**做减法**。为什么要做减法？因为"以他平他谓之和"（《国语·郑语》）。事情做过头了，就得减。比方说，夫妻两个，恋爱的时候爱得死去活来，结婚以后打得死去活来。为什么呢？原因就在四个字——亲密无间。美学上有个原理，叫作"有距离才有美感"。结婚之前，因为有距离，怎么看，怎么好。结婚以后，什么距离也没有了。然后说话又不注意，做事也不讲究，可不一塌糊涂？这就要做减法。所以我的口号是：亲密有间，贪得有厌。你说让人不贪（不是贪污，广义的贪），其实也是很难做到的。人总是有欲望的，但是，你节制一下行不行？同样，再好的夫妻，我个人建议，都应该保留自己的隐私。这不仅是策略，也是尊重。亲密有间，贪得有厌，就不会出事。

第二条，**唱反调**。据《左传·昭公二十年》记载，齐景公曾经问晏子（就是晏婴），和与同，有什么不同？晏子说，做饭的时候，放点盐，放点梅子，放点酒，五味调和，这就是"和"。烧一锅水，然后煮水吃，这是"同"。然后晏子接着说，君臣关系也一样，不能"以水济水"，只能"济其不及，以泄其过"。具体做法是：一件事情，国君认为可行，臣下发现还有问题，就提出问题来，作为补充，使这个事情真正能够做成。这叫"君所谓可，而有否焉，臣献其否，以成其可"。相反，国君认为不行，臣下发现还有可行的部分，就提出这可行的部分来，以便去掉那"不行"。这叫"君所谓否，而有可焉，臣献其可，以去其否"。这叫作唱反调。唱反调，才能"和"。拍马屁，那是"同"，只会坏事。

第三条，**开汽车**。汽车怎么开？左了就右一右，右了就左一左。方向盘，来回倒，左左右右，右右左左。这其实就是中庸。还是据《左传·昭公二十年》，郑国的大臣子产临终时，曾经嘱咐他的接班人子大叔，说我执政的特点是宽松，其实宽比严难。为什么呢？他说你去看，水和火，哪个温柔哪个凶？火凶，水温柔。所以你去看老百姓，死于火的多，还是死于水的多？死于水的多。因为火很凶啊，大家都怕。水很温柔，谁怕它啊？结果都跳下去淹死了。所以宽政比猛政难执行。你的水平不如我，你执行不了我的宽政，还是严一点的好。但是，子大叔是一个心肠很软的人，他上台以后不忍心执行严政。结果，下面的治安一塌糊涂。最后没有办法，只好大批去杀人。

于是，孔子就发表评论了。孔子说，执政的人，如果对下面很宽和，下面的人就怠慢。这叫"政宽则民慢"。这个时候，你就要凶一点，要"纠之以猛"。但是如果你太凶了呢，老百姓、下级，就会受到伤害。这叫"猛则民残"。这个时候，你又要宽一点，要"施之以宽"。孔子说，宽，是调剂猛的（**宽以济猛**）；猛，是调剂宽的（**猛以济宽**）。宽了就凶一点，凶了就宽一点，天下也就太平（**政是以和**）。

这三个例子，实际上是三种对象。做减法是对自己的，唱反调是对领导的，开汽车是对下级的。哪一条最难？第二条。有几个人敢跟领导唱反调啊？所以，中庸也并不容易呢！

再说几句

关于中庸的话题，基本就讲完了。最后再说几句，算是做个总结。

第一，**中庸是道德境界**。

中庸，为什么是道德境界呢？因为中，首先是正。中则正，正则中，叫"中正"。这个正，包括正直、正派、正义、正当、正道，当然关乎道德。其次，中庸也是一种修养。不卑不亢，不即不离，不偏不倚，不疾不徐，这些都是修养，也都要靠修养。修养到一定程度，就成了境界，叫"平和"。或者说，中庸，就是"中正平和"。**中，就是不偏不倚；正，就是不左不右；平，就是不高不低；和，就是不异不同。**中、正、平、和，在儒家那里，被认为只有修养很高的人才能做到。所以孔子说："中庸之为德也，其至矣乎！"

这样说，当然会有问题。因为中庸如果是最高境界，只有修养很高的人才能做到，孔子又怎么会接着感叹"民鲜久矣"呢？少数人才能做到的，大多数人做不到，很正常嘛！所以，也有学者认为，"中庸之为德也，其至矣乎"这句话，其实是反问句。它的后面，应该打问号。这样一来，孔子的话，就可以这样理解：中庸作为一种道德，难道是至高无上、高不可攀的吗？当然不是。它是很平常、很普通的嘛！那么，老百姓为什么跟它久违了呢？

如此解释，当然也通。不过我认为，前一种解释也没什么问题。因为在孔子那里，最高境界都是像中庸这样，既普通又很难的。比方说，仁，是不是最高境界？是。那么，它在天上、在山顶吗？不。孔子说，我想要它，它就来了（我欲仁，斯仁至矣）。这可真是"仁远乎哉"（《论语·述而》）。孔子还说："一日克己复礼，天下归仁焉。"（《论语·颜渊》）这就更容易了。但是，要成为一个"仁人"，又很难。他自己不是——孔子的说法，是"若圣与仁，则吾岂敢"（《论语·述而》），学生中就更是一个没有。别人问他，子路、冉有、公西华，算不算"仁"。他的回答，是"不知其仁也"（《论语·公冶长》）。仁，是不是又很难，是不是也只有修养很高的人才能做到？

这就是儒家道德标准的特点。一方面，它一定是最普通的，是每个人都能做到的"常人之道"。否则，这个标准提出来，就没有意义，就成了"唱高调"。这个道理，前面讲过了。但是，另一方面，它又一定不是轻易就能做到的。轻而易举就能做到，道德的修养，人格的塑造，就没有了必要。这就很像后来禅宗讲的"顿悟成佛"，一方面极其容易（**一念悟时，众生是佛**）；另一方面，真正成佛的，又没有几个。这个话题，我们以后再说。

第二，中庸是思想方法。

中庸的思想方法，就是不认死理，不走极端。不走极端，前面说过了，这里补充讲讲不认死理。《论语·子罕》说：

子绝四：*毋意，毋必，毋固，毋我。*

这段话，提出了孔子反对的四种思想方法：意，必，固，我。意，就是凭空猜测；必，就是绝对肯定；固，就是冥顽不化；我，就是自以为是。说得再白一点，意，就是想当然；必，就是一根筋；固，就是死心眼；我，就是半吊子。这些都是认死理。认死理也有两种。一种是认自个儿的死理，总认为自己想的、说的、知道的，都是对的。还有一种是认别人的死理。听到一种说法，就一口咬定，逮住不放，然后一条道走到黑，钻牛角尖。

中庸之道相反，主张"认活理"。据《论语·先进》，有一次，子路问孔子：听到了，就去做吗？孔子说，父亲和兄长都还在嘛，怎么能闻风而动？冉有也问孔子：听到了，就去做吗？孔子说，当然！听到了，就去做。这下子公西华不懂了。公西华说，先前阿由（子路）问先生，听到了，就去做吗？先生说，父亲和兄长都还在，怎么能听到了就去做。现在阿求（冉有）也问先生"闻斯行诸"，先生却说，既然听到了，当然就该去做。同样的问题，不同的答案，还截然相反，阿赤我实在想不通，因此斗胆向先生请教。

孔子怎么说呢？孔子说，阿求这个人，胆小怕事，老往后缩，所以要推他一把（求也退，故进之）。阿由的胆子一个顶俩，爱往前冲，所以要拽他一把（由也兼人，故退之）。

这就是"中庸之道"了。冉有退缩，是"不及"，得推一推。这是"唱反调"。子路兼人，是"过"，得拽一拽。这是"做减法"。这边推一推，那边拽一拽，这是"开汽车"。孔子因材施教，因人制宜，是个优秀的驾驶员。

所以，中庸，一定是认"活理"，不认"死理"。但是，中庸的"活"，绝不是乡愿的"活"。乡愿的"活"，是"见人说人话，见鬼说鬼话"。这是要滑头，是不诚实，是见风使舵，吹牛拍马。中庸的"活"相反，是"见鬼说人话，见人说鬼话"，反着来。目的，是要"以他平他"，是要"济其不及，以泄其过"。终极目的，还是"正道"。

第三，中庸是处世哲学。

前面说过，中庸之道，是要用的。对于我们中国人来说，最大的用处，就是处世。孔子是很会处世的。他所在的那个"世"，是乱世。乱世怎么处？向宁武子学习。宁武子，是卫国的一个大夫。孔子说，宁武子这人，了不得啊！国家政治清明，他就又聪明又能干。这叫"邦有道则智"。国家政治黑暗，他就傻乎乎的。这叫"邦无道则愚"。孔子接着说，他的那个聪明能干，我们是学得到的（**其知可及也**）。他的傻乎乎，我们就学不来了（**其愚不可及也**）。为什么？因为宁武子的傻，是装傻，当然"愚不可及"（《论语·公冶长》）。

在这里，孔子表达了他的一种处世态度，同时也是政治态度，那就是：当一个国家政治清明的时候，我就为这个政府服务。如果这个国家政治黑暗，国君是个暴君，我就不为他服务。但是我也不反抗，反抗是要掉脑袋的。怎么办？宁武子的办法是装糊涂，孔夫子的办法是一走了之，换个地方待。让我为这个黑暗政府服务，做他们的狗腿子，我不干。和他们针锋相对作斗争，做革命烈士，我也不干。既不做烈士，也不做奸臣，这就是中庸。

第四，中庸是做人艺术。

关于"做人艺术"，不妨举曹操的第二任正妻卞夫人为例。据《三国志·后妃传》裴松之注，卞夫人升为正室以后，曹操每次外出打仗带回一些战利品，什么首饰之类，总是让她先挑。卞夫人呢，每次都挑中等的。大家知道，女人是最喜欢首饰的。所以，几次以后，曹操就觉得奇怪，就问她为什么。卞夫人说，挑最好的是贪婪，挑最差的是虚伪，所以我挑中等的。这就是会做人了。看来，卞夫人也是个懂中庸的。中庸，是不是又不算很难？

现在，《中庸的原则》这一讲，就讲完了。要说的是，中庸是中国人的智慧，但不是唯一的智慧。先秦诸子当中，也有不主张中庸的。法家和道家，就都不主张。法家的智慧是斗争的哲学，老子的智慧是转化的哲学。所以，讲完中庸，还要讲老子。不过，老子之前，要先讲孙子。因为老子哲学和《孙子兵法》，恐怕是有关系的。讲完孙子，就可以讲老子了。

兵家的思考

兵家的时代

兵家就是军事学家。中国古代的军事学家，按照时间的顺序，首推孙武，以后有吴起，有孙膑。当然，再往后，还有很多很多。代表作呢？最重要的，就是《孙子兵法》。这本书，以前学术界是有争议的。比方说，《孙子兵法》是不是孙武的作品？《孙子兵法》是否就是《孙膑兵法》？是只有一本《孙子兵法》，还是既有一本《孙武兵法》，又有一本《孙膑兵法》呢？有争议。但是，1972年得出结论了。因为这一年，在山东临沂的银雀山汉墓，出土了两本兵法，一本《孙子兵法》，一本《孙膑兵法》。从此，这个问题就不再争论了。现在大家都知道，孙武有一本《孙子兵法》，孙膑有一本《孙膑兵法》。另外还有吴起，也有一本《吴子兵法》，只不过失传了。这是春秋战国时期军事学的重要成果。

那么，春秋战国时期，为什么会产生这么多军事学家，会有这么多军事学著作？我认为，这是时代决定的。所以，要弄清楚"兵家的思考"，就得先弄清楚他们的时代。

请大家看看这三大军事学家，都是什么时候的人？孙武，春秋晚期，与孔子同时；吴起，战国初期，与墨子同时；孙膑，战国中期，与孟子同时。也就是说，孙武、吴起、孙膑三个，是春秋晚期到战国中期的人物。

春秋晚期到战国中期，是一个什么样的历史阶段呢？是**中国古代战争形态的转折期**。我们知道，战争这种事，从来就有。我们的老祖宗炎帝、黄帝那会儿，就打得天昏地暗，不可开交。但是战争的形态，随着历史的发展也在变化。怎么变呢？简单地说，就是"远古无章法，春秋讲规则，战国无底线"。炎黄时代，还不开化。那时的战争，估计是没什么章法的，很可能就像现在民间的械斗，拎根棍子就上去了。但是到了春秋，却特别讲究战争规则。这些规则，现在看来也很有意思。

第一是时间。春秋时期的战争，原则上只有一天，最短的只有一个早上。就是太阳出来了以后，集合，打仗，早饭先不吃了，打完了再吃，叫"灭此而朝食"（《左传·成公二年》）。最长的，也就从日出打到日落，就不打了。

第二是地点。春秋时期的战争，在哪里打？一般在国境线上。国境线是有标志的。具体做法，是犁沟，灌水，把挖沟的土堆在两边，再种上树。这个动作，就叫作"封"，也叫"封疆"。封疆的地方，在边境，所以叫"边疆"。如果两国交兵，就要把军队开到这里来打，叫"疆场"。这是春秋时期最常规的做法。

第三是礼仪。春秋时期的战争，我总结了四句话，叫作"列阵如球赛，宣战如请客，交手如吃饭，格斗如竞技"。双方的军队（可能是一个国家的，也有可能是联军）开过来，开到疆场就停下，宿营。第二天早晨，太阳出来了，大家开始布阵。这边摆摆，那边摆摆，就像我们现在踢足球，双方队员上场，先站好了。宿营或者布阵以后，派一位将军，或者使节，先去对话。态度，当然是客客气气；用词，也都是外交辞令。比如公元前632年晋楚城濮之战，楚军统帅成得臣（字子玉）派使者宣战，话就是这么说的：敝国的战士，恳请与贵国的勇士做一次角斗游戏。贵君靠在车里观赏就行，敝帅得臣愿意奉陪。晋文公则派使者回答说：敝国的寡德之君，已经接到大帅的命令了。拜托大夫告诉贵部将士，驾好你们的战车，忠于你们的国事，明天早上见（《左传·僖公二十八年》）。对完话，有时还要谦让一下，然后开打。决出胜负，就结束战争。所以，最多一天工夫。比如城濮之战，就只有四月初二这一天。初三、初四、初五，胜利了的晋军原地休整。吃完楚军留下的粮食，就启程回国了。

第四是讲究游戏规则。这些规则是：一、不斩来使。这个大家都明白。二、不鼓不成列。就是对方阵势没有摆好，不能击鼓进军。三、不重伤。就是格斗的时候，不能让同一个人重复受伤。如果对方已经受伤了，不管伤在哪里，都不能再打第二下。四、不擒二毛。就是花白头发的人不能俘虏，只能抓黑头发的。五、不逐北。就是敌人打败了，逃跑了，不能追。追也可以，五十步为限。跑到第五十一步，就不能抓他。从这个意义上讲，五十步是可以笑一百步的。跑五十步就不会做俘虏，你跑一百步干什么？最不可思议的，是有时胜利的一方还要帮助失败的逃跑。公元前597年，晋楚两国战于邲（在今河南省郑州市东）。晋国的军队逃跑时，有一辆战车陷在坑里跑不动。楚国的军队追过来，就教他们怎么办。教了两次，终于让晋军跑掉。更不可思议的是，晋国的逃兵得了便宜还卖乖，一边跑，一边掉过头来讽刺楚军：到底是大国的军队啊，逃跑的事挺内行的嘛！（《左传·宣公十二年》）

现在看来，春秋时期的人，还真是可爱。

春秋的战争，怎么会是这样的呢？也有两个原因：第一，当时的战争，主要是出于政治目的。要知道，我们现在称之为"中国"的地方，当时叫"天下"。天下就是全世界。天下有个最高领导人，叫"天子"，也就是"天之元子"。天子就是"世界王"。天子把天下分给诸侯，就是"国"。这些"国"，叫"封国"，也叫"列国"，也就是"许多的国"。国的元首叫"诸侯"，也就是"诸多的侯"。诸侯是"国之君"，叫"国君"。国君把"国"分给大夫，就是"家"。家的元首是大夫，大夫是"家之君"，叫"家君"。从西周到春秋，我们中华大地上，就是这样一个政治结构。换句话说，是一个"国际社会"。

那么，战争的目的是什么呢？维持国际秩序。这个秩序，原本是应该由天子来维持的，他是"世界王"嘛！这就叫"礼乐征伐自天子出"，是"天下有道"的表现（《论语·季氏》）。但是到了春秋，周天子实际上管不了啦！这就要由那些实力强大的"超级大国"出来管事，当"国际警察"。这就叫"称霸"。这些国家的君主，就叫"霸主"。春秋时期，有五个霸主，叫"春秋五霸"。不过，霸主再牛，也得尊重天子，天子才是"天下共主"。所以，在春秋的时候，一个诸侯要去进攻另一个诸侯，从理论上讲，必须得到周天子的授权。他也不能说我要称霸，要当超级大国，还得说我是为了维护周天子，是周天子派出来的"维和部队"。所以，他事情不能做得太过分。而且，能够让对方屈服，跟他签条约，就达到了称霸的目的，也就不能再打。再打，说不过去，在国际社会也会孤立。这是第一个原因。

第二，当时的战士都是贵族，这是春秋战争的一个重要特点。

春秋时期，人分三等：贵族、平民、奴隶，这是阶级。贵族又分四等：天子、诸侯、大夫、士，这是等级。前三等贵族，都是有领地的，是"领主"；士呢？没有领地，但有权利。有什么权利？三个。第一是祭祀权，第二是参政权，第三是参战权。平民和奴隶，就没有这些权利。所以，春秋时期跟古希腊一样，当兵是非常光荣的。平民和奴隶，还没有资格。

这样一来，战争，就成了贵族的专利。一旦有战争，原则上是国君当统帅，大夫当将军，士当战士。"战士"这个词，就从这里来——战斗的"士"。由于他们披甲着盔，所以也叫"甲士"；由于他们是从军的，所以也叫"武士"。总之，所有的战士都是贵族。平民和奴隶，也参战，但不打仗。干什么？背东西。因为一个战士出征了，他要带很多东西，粮食、行李、武器。他的车，要由马来拉。马，晚上要吃草。于是，喂马，扛武器扛行李，这些"下贱"的事情，就由平民和奴隶来承担。贵族要做的事情，是体面地去战斗。

战争既然是体面的事，贵族的事，那就要有贵族气派、君子风度；就必须彬彬有礼，恪守游戏规则，讲究费厄泼赖。这是春秋时期的战争。

战国时期就完全两样了。第一，战争的目的，不再是称霸，而是"兼并"，也就是吞并别人的国家。所以，结果也不是"签约"，而是"灭国"。第二，战争的主力，也不再是贵族，而是平民，所以也没什么"风度"可讲。第三，战争的方式，也不再是"角斗"，而是"杀人"。有些国家，比如秦国，甚至规定以首级论功。就是打完仗以后，战士们拎着一堆脑袋回来，你八个，我五个。然后根据这个给予奖励，甚至可以由平民升为贵族。所以，战国时期的战争是非常残酷的，杀人如麻，不择手段，旷日持久。比如秦赵长平之战，就从四月打到九月。最后，秦将白起，一次坑杀降卒四十万人。当然，古人记录的数字，是要打折扣的。可是，四十万打个对折，也有二十万。再打个对折，十万。再打个对折，五万。活埋五万人，也很恐怖啊！但是，这样的记录，在战国时期比比皆是。

这就是《孙子兵法》《吴子兵法》和《孙膑兵法》的时代背景。为了让大家了解得更清楚，我们再讲两个战争实例。

两个战例

这两个战例，一个是齐楚召陵之战，一个是秦赵长平之战。前者发生在春秋，后者发生在战国。这两次战争，可谓天差地别，最能看出春秋与战国的区别。

先说齐楚召陵之战。

召陵之战，发生在公元前656年，记载在《左传·僖公四年》。这一年，齐桓公为了称霸，联合了鲁、宋、陈、卫、郑、许、曹等国，组成联军，进攻蔡国。打败了蔡国，又要打楚国。楚国当然就得到消息了，就派了一个大使过去，进行交涉。楚国使者的话，很有名。他是这么说的：

> 君处北海，寡人处南海，唯是风马牛不相及也，不虞君之涉吾地也，何故？

这里我稍微交代一下。前面说过，春秋时期，是特别讲究礼仪的。礼仪之一，就是国君和国君、诸侯和诸侯，不能说话，说话就是失礼。怎么办呢？各派一个代理人去说，但要用国君的口气，因为他是代表国君说话。所以，楚国这个使节，就用楚王的口气说：君上您住在老北边，寡人呢，住在老南边，"风马牛不相及"啊！什么意思？风，就是雌雄相诱。动物到了发情的时候，雌性就会散发出一种特殊的气味，像风一样，雄性闻到就跑过去了。这就是"风"。所以楚国的使节说，贵我两国相距千里，哪怕是牛马谈恋爱，也跑不了这么远啊！没有想到君上您却来了，请问这是为什么呢？

齐国这边，桓公是不能说话的，就由国相管仲来回答。管仲就说了一大堆，基本上都是强词夺理。比如管仲说，我们的征讨，是得到了授权的。那么，请问谁的授权？召公。授权给谁？太公。这两个，是什么时候的人？西周初年。大家想想，这个授权，是不是也太久了一点？至于攻打楚国的理由，也有两条。一条叫作"尔贡包茅不入，王祭不共，无以缩酒，寡人是征"，还有一条叫作"昭王南征而不复，寡人是问"。什么意思？原来，当时诸侯各国，都对天子有义务。楚国的义务，是进贡一种茅草，以便周天子祭祀的时候用来滤酒。春秋时期，许多诸侯都不怎么把天子当回事。这种茅草很久没有进贡，大约是可能的。这就是"尔贡包茅不入"。至于周昭王，是一个不怎么样的君主。他南巡来到汉水的时候，汉水的人很讨厌他，就在过河的时候给了他一只漏船。这就是"昭王南征而不复"。事情，大约也是有的。于是管仲就用齐桓公的口气说：所以寡人要来打你，所以寡人要来问问。

这两个，显然都是借口。发动战争，从来都是要找借口的，比如有"大规模杀伤性武器"等。但楚人不能说这是借口。因此楚国的大使就说，滤酒用的茅草忘了送去，这是敝国寡德之君的罪过，今后岂敢不送？至于昭王为什么没有回去，请君上去问汉水好了。就是说，小的过错他认了，大的他不认。

这就谈不拢。谈不拢怎么办？各自回去，准备打。齐国的军队继续前进，楚国的军队也开了过来，两军对垒在召陵。开战之前，齐桓公建议先搞一次阅兵式，楚国的统帅屈完也同意。于是两个人坐同一辆战车检阅部队。齐桓公说，看到寡人的军队了吧？用这样的军队去作战，谁能挡得住（以此众战，谁能御之）？用这样的军队去进攻，哪座城攻不下来（以此攻城，何城不克）？楚国的统帅就说，君上如果以德服人，谁敢不服呢？如果一定要用武力，那么本帅也可以告诉君上，我们楚国以汉水为护城河，以方城山为城墙。贵国的军队虽然人多，怕是没有用武之地。齐桓公说，我们起兵，难道是为了寡人？是为了贵我两国永远友好嘛！楚国的统帅就说，这也正是鄙国寡德之君的愿望啊！最后呢？签订盟约，然后双方收兵回国。所以这场战争，其实是"不战之战"。

再说秦赵长平之战。

长平之战，发生在公元前260年，《史记》的《赵世家》《白起王翦列传》《廉颇蔺相如列传》，以及《资治通鉴》都有记载。事情的起因，是争夺上党。上党（在今山西省长治市），当时属于韩国，是韩国的一个郡。公元前262年，也就是长平之战前两年，秦昭王采用应侯范雎"远交近攻"的策略，派兵攻下了韩国的野王（在今河南省沁阳市）。野王，是上党通往韩国国都的渡口。渡口一断，上党就成了"孤岛"。守，是守不住的。何去何从呢？最便当的办法，是干脆将上党郡拱手相让，献给秦国，以土地换和平。然而上党的郡守冯亭，却另有主张。他的主张，是献给赵国。因为他很清楚，秦国对于上党，是志在必得的。现在上党归了赵国，秦国一定会跟赵国过不去。这就能把祸水引向赵国。赵国受到秦国的军事威胁和攻击，就会跟韩国亲善。韩赵两国联合起来，也就可以对付秦国了。

问题是赵国干不干。对此，赵国君臣，也有争议。平阳君赵豹就反对。他认为，第一，天上掉馅儿饼，这叫"无故之利"，不是什么好事。第二，韩国这么做，明摆着别有用心，是"欲嫁其祸于赵也"。第三，秦国攻下野王，断绝上党和韩国的联系，就是想让上党不战而降。人家费了老大的劲，我们来坐享其成，他会干吗？

可是，赵国的国君孝成王，却无法拒绝这"挡不住的诱惑"。他说，平时我们出动百万大军，耗时几年都攻不下一座城池。现在一下子就得到十七座，这样的好事上哪找去？平原君赵胜等人也支持。于是，赵国就把上党"笑纳"了。

这下子秦国当然不干。公元前260年，秦昭王派左庶长王龁（龁读如河）领兵进攻韩国，很快就拿下了上党。上党的人民，纷纷逃往赵国，被安顿在长平。四月，秦将王龁攻赵，赵国则派廉颇御敌。廉颇虽然是名将，赵军却实在不是秦军的对手。六月一次战斗，七月一次战斗，不是损兵，就是折将。廉颇很清楚，敌强我弱，敌客我主，最好的策略，是打持久战。所以，廉颇决定凭险固守，死拖硬扛，一直扛到敌人疲惫不堪、给养不足、士气低落，我方有机可乘的时候再说。

遗憾的是，赵孝成王对廉颇的持久战不感兴趣，对敌人的"反间计"他倒信以为真。反间计是秦相范雎使的。他花大价钱派人到赵国散布流言蜚语，说秦国并不害怕廉颇，因为廉颇反正就要投降了。秦国最害怕的，其实是马服君赵奢的儿子赵括。赵孝成王听了这话，还当真就任命赵括取代廉颇，担任长平战场的统帅。

赵孝成王的这个决定，遭到了蔺相如和赵括之母的强烈反对。蔺相如反对，是因为他深知赵括名不副实。赵母反对，则是因为她深知赵括的自以为是。他们也都知道，赵括虽然熟读兵书，却没有作战经验，根本就不会打仗，是个纸上谈兵的角色（纸上谈兵这个成语，就以赵括为典型）。赵奢生前就说，打仗，是要死人的。但是括儿说起来，却那么轻松容易，这还有不坏事的？可惜赵王听不进去，一意孤行。

这就便宜了秦国。秦王立即任命武安君白起为上将军，并下令严格保密。果然，踌躇满志的赵括到了军中，就把廉颇的战略战术、军纪号令，全都改了，还撤换了军官。然后下令出击，准备大干一场。白起呢？假装战败，落荒而逃，其实是诱敌深入。同时又暗中派了两支奇兵，穿插迂回，突然袭击。一支绝断了赵军的后路和粮道，并形成包围态势。一支将赵军拦腰截断，使其首尾难顾。秦王得到消息，亲赴河内郡征调十五岁以上壮丁赶往长平，阻截赵国的援兵和军粮。赵军被围得结结实实，上天无路，入地无门，只能坐以待毙。

到了九月间，赵军断粮，已经四十六天，军队内部暗中杀人来吃。赵括组织了四支突围部队，五次冲锋，都打不开一条出路。绝望之下，赵括亲自披挂上阵，率领精锐部队强行突围，却被秦军乱箭射死。赵军没了统帅，哪里还有战斗力？也只能束手就擒。

据《史记·廉颇蔺相如列传》，这场战争，赵军"前后所亡凡四十五万"。《白起王翦列传》则说，赵军"四十万人降"，白起"挟诈而尽坑杀之"。这样算下来，真正战死的竟只有九分之一，九分之八是战败后被冤杀的俘虏，这可真是惨绝人寰！

战争到了这一步，也确实需要"兵家的思考"了。《孙子兵法》《吴子兵法》和《孙膑兵法》，就是这种思考的结果。由于《吴子兵法》已经失传，《孙膑兵法》残缺不全，我们今天只讲《孙子兵法》。实际上，《孙子兵法》也是最重要的。它被尊为"武经之首"，在历史上和世界上都产生了广泛而深远的影响。

那么，孙子的思想是什么？

战争与和平

有人说，孙子是"反战"的，是"和平主义者"。

有没有道理呢？有。第一，春秋战国，确实有"反战言论"，有"和平主义者"，比如墨子，比如老子。第二，《孙子兵法》的《谋攻篇》，有一句脍炙人口的名言：

百战百胜，非善之善者也；不战而屈人之兵，善之善者也。

这句话，过去一般都这样翻译：打一仗胜一仗，并不是顶尖高手；不用发动或进行战争，就能让敌人屈服、投降，才是最高境界。不战而胜嘛！

那么，怎样才能不战而胜？孙子也有说法，叫作"上兵伐谋，其次伐交"。谋，就是谋略；交，就是外交。这些都是非战争手段。比如蜀建兴三年（公元225年），诸葛亮征南中，马谡提出的"十六字方针"，就是"攻心为上，攻城为下；心战为上，兵战为下"（《三国志·马良传》裴松之注引《襄阳记》）。后来成都武侯祠赵藩的《攻心联》，也说"自古知兵非好战"。孙子的话，如果也这样理解，那他的"和平主义"，就可谓"疑似"。

　　但是，对于这种解释，我心里一直犯嘀咕。犯嘀咕也有两个原因。第一，是不理解这样重要的一句话，为什么会安排在《谋攻篇》。我们知道，《孙子兵法》的结构，跟《论语》不一样。《论语》二十篇，篇与篇之间是没有逻辑关系的，每篇的内容也并非同一主题，篇名不过取自第一句话。比如《学而》，取自"学而时习之"；《为政》，取自"为政以德"。《孙子兵法》十三篇，却是每篇一个主题。篇与篇之间，也有逻辑关系。比如它的第一篇，叫《计篇》或《始计篇》。这一篇讲什么呢？讲战争的策划。战争之前我们应该干什么，我们怎样计算，我们怎样谋划，这是做战争的准备。第二篇叫《作战》。讲什么呢？野战。就是讲把军队开到疆场以后，怎么打。第三篇叫《谋攻》。讲什么呢？攻城。因为春秋晚期、战国初期，已经不像春秋早期那样，把人家打败，追五十步就不追了。这个时候是追的，可能一直追到人家国都的城下，再攻下来，把这个国家灭掉。这就是"战"与"攻"的区别，即"合陈（阵）为战，围城曰攻"。唐人李筌在注《孙子兵法》的时候，就是这么说的。所以，《作战》就是讲野战的，《谋攻》就是讲攻城的。《孙子兵法》前三篇，对应的正是当时战争的三个阶段——庙算、野战、攻城，李零先生称之为"战争三部曲"。（《兵以诈立》）

这就有问题了。"不战而屈人之兵"这句话，为什么要放在攻城阶段讲呢？在《始计篇》讲，不行吗？一开始，就策划好，通过政治谋略和外交手段让对方屈服，不是更省事吗？退一步说，在《作战篇》讲，也行。野战的时候，难道就不要"不战而屈人之兵"？难道野战的时候，就该往死里打；攻城的时候，就要往活里做？讲不通啊！

第二，除了"不战而屈人之兵"，孙子还讲过"反战"吗？没有。事实上，《孙子兵法》十三篇，从头到尾都在讲战争，讲打仗，没有一篇讲"反战"。它的最后两篇，一篇讲火攻，一篇讲间谍。这两个，一个"残忍"，一个"卑劣"，都没有和平主义所必需的人道精神。实际上，如果孙武当真是赞赏"不用发动或进行战争，就让敌人屈服、投降"的，就应该再写一篇《不战》或《非战》或《免战》，而且应该放在卷首才对呀？为什么不呢？

这些问题，我一直想不通。

最近，在"天涯社区"的"关天茶舍"读到一篇文章，让我茅塞顿开。这篇文章的题目叫《"不战而屈人之兵"的涵义》。作者署名"洛克"，发帖网友为"小园香径长"。在这篇文章中，作者运用校勘学中的"本校法"，得出一个结论——"不战而屈人之兵"的"屈"，应该理解为"短缺"或"不足"。这是有道理的。第一，屈，确实并不一定就是屈服，也可能是短缺、不足、亏欠，比如"理屈词穷"就是。理亏了（理屈），就没话说（词穷）嘛！第二，"不战而屈人之兵"的宾语，是兵，不是人，也不是国。也就是说，并非屈人之国、屈人之人、屈人之君，而是"屈人之兵"。兵，当然可以理解为"军队"，但也可以理解为"军事力量"。因此，所谓"不战而屈人之兵"，就应该这样理解：**在攻城之前，先让敌人的军事能力（包括指挥能力和作战能力）严重短缺，根本无力抵抗。接下来，就有可能实现"不战而胜"的目标**。但要说清楚，这个目标，只是攻城阶段的战术目标。至多，也只是战役目标，绝非战略目标。

问题是，为什么这个战术目标或战役目标，是攻城阶段的？

原因很简单，就因为攻城的成本太高，代价也太大。在当时的条件下，攻城几乎都是旷日持久、劳民伤财、吃力不讨好的事。《谋攻篇》说，准备攻城的工具、器械，就得三个月。然后要在敌人的城下堆土，构筑攻城用的土山，又三个月。六个月下来，将领已经非常焦躁，就驱赶着战士像蚂蚁一样往上拥。可是，对方难道就不反抗吗？这六个月时间，人家就没做准备吗？结果，是我方战士死了三分之一，城还攻不下来。这就是攻城的代价。或者说，是孙子看到的代价。比这更严重的，是唐人李筌注《孙子兵法》时提到的：北魏太武帝攻盱眙城，战士轮番上阵往前冲，掉下来一个，又冲上去一个。最后，弄得"尸与城平"，也没能攻下来。这样的代价，简直就是"灾难性"的（*此攻之灾也*）！

事实上，一旦攻城，对方是一定会死守的。为什么一定死守呢？因为对方已经没有退路了。他从国境线上一路败退回来，退到自己家里，实在退无可退。而且，这个城里面保存着宗庙和社稷，祖宗和家人也都在这里。一旦城破，敌人进来，很可能会把宗庙社稷都毁了，甚至会屠城，后果不堪设想。困兽犹斗，他怎么能不拼一死战呢？显然，硬攻一个城市，只能是迫于无奈。能不攻，就不攻。

这就要谋划，所以叫"谋攻"。怎么谋？孙子的说法，是"上兵伐谋，其次伐交，其次伐兵，其下攻城"。伐，就是"挫败"。首先挫败敌人的政治谋略，其次挫败敌人的外交手段，再次挫败敌人的军事力量。实在不行，才去攻打敌人的城池，因为"攻城之法，为不得已"。伐谋、伐交，都是"不战而屈人之兵"，成本最低，代价最小，是为"上策"。伐兵和攻城，都是真刀真枪地硬干，成本最高，代价最大，是为"下策"。这是出于成本的考虑。

除了成本，还有效益。在《谋攻》篇，孙子开宗明义就讲效益：

> 用兵之法，全国为上，破国次之；全军为上，破军次之；全旅为上，破旅次之；全卒为上，破卒次之；全伍为上，破伍次之。

这里的问题在于，什么是"全"，"国"又是谁的？有人说，全就是"保全"。国呢？有人说是敌人的。这就奇怪。战争，又不是慈善事业，为什么要保全敌国？有人说是自己的，这也不通。你都打到敌人城下，都进入攻城阶段了，怎么还要考虑保全本国？本国没有危险嘛！再说了，如果"全国"之国是"我国"，那么，"全军"之军岂非也是"我军"？春秋兵制，一万二千五百人为一军，五百人为一旅，一百人为一卒，五个人为一伍。你对自己的保全，都到"伍"了，请问这仗还打不打？也没这么保全实力的吧？

其实，"全国"的解释有问题，"破国"的解释就更麻烦。请问，什么是"破国"之国？有人说是国家。那好，我再问，偌大一个国家，怎么"破"呢？其实，这里的"国"，并非"国家"，而是"国都"，即"都城"。春秋时代，诸侯的封域，叫"邦"。邦，才相对于今天的"国家"。国，则是都城，是邦的中心。国之外，是郊，是野，是鄙，再外面是疆。那是野战的地方，即"疆场"。野战之后，是攻城。因此，"破国"就是"破城"。都城一破，国就没了。谁的都城？当然是敌人的。兵临城下的，是"我军"嘛！

这就清楚了。"破国"之国既然是敌国，"全国"之国当然也只能是敌国。只不过，"全国"之全，并不是"保全"，而是"完整地得到"。因此，"全国为上，破国次之"的意思就是：攻破这座城市，活捉或杀死其国君，是下策。让他们举城投降，让我军得到一座完好无损的国都，才是上策。这不是"发慈悲"，也不是"维和"，而是真正的"全胜"。

这，就是孙子心目中的"战争与和平"。

成本与效益

其实，孙子根本就不可能是"和平主义者"，因为他是军事学家，也是军事家。他自己，是要指挥战斗的。而且，《孙子兵法》十三篇，也既不是"纸上谈兵"，又不是"自娱自乐"，而是要派用场的。什么用？打仗。给谁用？吴王。他这本书，就给吴王阖闾看过。为什么给他看？知道他有野心，想称霸。你说，孙子怎么会反战呢？

实际上，孙子不但不反战，而且野心还不小。什么野心？全。这个"全"，不仅是"全胜"，也是"全得"。还是在《谋攻篇》，在讲完攻城的成本代价之后，孙子说：

故善用兵者，屈人之兵而非战也，拔人之城而非攻也，毁人之国而非久也，必以全争于天下，故兵不顿而利可全，此谋攻之法也。

要理解这段话，还是得讲点历史。前面说过，孙子是春秋晚期的人。春秋的战争，从早期到晚期，目的都是"争霸"，所以说"春秋无义战"。这，就是"必以全争于天下"的"争"。但是，争霸的方式，早晚不同。早期，只要对方服软、认输、装孙子、签条约，一般也就不打了。胜利的一方班师回国，失败的一方国不破，家不亡。晚期，则要"灭国"。那些失败的小国，弄不好就没了。也就是说，在春秋晚期，争霸战争已经开始转化为兼并战争。

兼并就要灭国，灭国就要攻城。只要攻下敌国的都城，灭国就是一句话、几分钟的事情。所以，"拔人之城"与"毁人之国"，是一致的。拔人之城，多半是为了毁人之国。所谓"毁人之国"，也不是要把人家的城池都毁了，房子都烧了，人民都杀了。没那么麻烦。春秋时期的灭国很简单，只要把社稷和宗庙毁了就行。社稷，就是社坛和稷坛。社坛祭祀土神，稷坛祭祀谷神。人民"非土不立，非谷不食"（《白虎通·社稷》），所以，社稷就是产权和主权的象征。宗庙，则是祭祀国君列祖列宗的，是政权和治权的象征。庙没了，就只能去当"亡国之君"。南唐李后主的"最是仓皇辞庙日"（李煜《破阵子》），就是这个意思。

灭国既然如此简单，那就不用多费手脚。更何况，兼并的目的，原本就是"得到"，不是"毁灭"，当然是得到的越多、越完整、越好。这就是"全"，也就是效益。相反，旷日持久地打攻坚战，自己损失惨重，最后得到一座空城，则是典型的吃力不讨好。这就是成本或成本与效益。因此，孙子主张，**一定要以"全胜全得"的原则，去争霸于天下**（必以全争于天下）。只有这样，才成本最低（**兵不顿**），效益最高（**利可全**）。

这就是所谓"屈人之兵而非战也，拔人之城而非攻也，毁人之国而非久也"。也就是说，挫败敌人的武力，靠的不是硬打硬拼；占领敌人的城池，靠的不是强行攻坚；兼并敌人的国家，靠的不是旷日持久。这才是攻城略地、兼并别国的高超谋略和正确方针（**此谋攻之法也**）。因为只有这样，才最合算。

显然，这不是发慈悲。作为超一流的军事家和军事学家，孙子绝不会愚蠢到把战争看作慈善事业。所以，一旦不能"全国"，多半还是要"破国"的。为了实现争霸的目的，孙子只会用"霹雳手段"，不会有"菩萨心肠"。只不过在他看来，破国、破军等等，是下策，是不得已。很清楚，所谓"不战而屈人之兵"，所谓"全国为上"，正是这位"精算师"精密计算的结果。他要的，是"产出投入比"和"效益最大化"啊！

由此可见，**孙子不是什么"和平主义者"，而是"战争经济学家"**。而且，正是出于对成本和效益的考虑，孙子提出了一个重要的军事思想——**慎战**。

慎战，是孙子思想的核心范畴之一。《孙子兵法》开篇第一句就说：

兵者，国之大事，死生之地，存亡之道，不可不察也。

这话意思很清楚：战争，是一件非常重大的事情，关系到一个国家生死存亡，不可以不认真研究。那么，研究的结果，又是什么呢？孙子的结论，是**轻易不要发动战争**。为什么呢？也有三个原因。

第一，**打不起**。孙子算过一笔账。他说，派十万军队出去打仗，常规的开销要"日费千金"。因此而不能正常从事农业生产的，也多达七十万户（**不得操事者，七十万家**）。因为派一个士兵出去打仗，后方就要七个人来供养他。再加上社会不安定（**内外骚动**），百姓服劳役（**怠于道路**），实际损失更大（《孙子兵法·用间》）。这个成本太高了！

第二，**拖不起**。我们知道，当时的战争，首先是疆场作战，然后是兵临城下。野战部队加上后勤部队，从国都出发，走到国境线上，再深入敌后。这么长的运输距离，供应和补给都是问题。长途运输吧？疲于奔命。就近购买？物价飞涨。结果是什么呢？是军力耗尽，财力枯竭，国库空虚，是"百姓之费，十去其七"；"公家之费"则"十去其六"。如果一打几个月，这个仗是打不起的。当然，孙子也提出了一个解决的办法，就是"食于敌"，也就是吃敌人的，在敌国解决供给问题。但是第一，你要吃得着；第二，能吃也有限。因此，应该做到"役不再籍，粮不三载"，也就是兵员不一再征集，粮草不多次运输。宁肯笨笨地速战速决（**拙速**），不可为了取巧而久拖（**巧之久**）。总之，"兵贵胜，不贵久"（《孙子兵法·作战》）。因为对于战争而言，时间就是金钱，效率就是生命。

第三，**输不起**。这个道理，谁都明白，不用多讲。因此，孙子提出一个主张，叫作"主不可以怒而兴师，将不可以愠而致战"。就是说，作为君主，你不能一恼怒就发动战争；作为将领，你不能一生气就发起进攻。孙子说，你今天恼怒，明天还可以高兴（**怒可以**

复喜）；今天气愤，明天还可以快乐（愠可以复悦）。但是，"亡国不可以复存，死者不可以复生"（《孙子兵法·火攻》）。一旦战败，你后悔都来不及。

所以，孙子提出"十二字方针"，叫作"非利不动，非得不用，非危不战"（《孙子兵法·火攻》）。就是说，没有十足好处，就不要采取行动；没有必胜把握，就不要随便用兵；不到危急关头，就不要轻易开战。总而言之一句话：

合于利而动，不合于利而止。

这句话，《九地篇》和《火攻篇》都有，可见孙子之重视。实际上，《孙子兵法》通篇都贯穿着成本意识和效益意识。这句话被反复强调，并不奇怪。

这就要计算。而且，在决策阶段就要算，叫"庙算"。庙，就是庙堂，也就是朝廷。就是说，开战之前，先在家里算好。用什么算呢？用小棍儿，有骨头做的，有竹子做的。它的名字，就叫"算"，也叫"策"，也叫"筹"。这三个字，都是竹字头。可见当时这东西，还是竹子做的多。庙算的时候，谋士、谋臣们，就用它来比划，所以也叫策划、筹划。怎么比划？一件事情，有什么好处，就在好处这边放根小棍儿。有什么坏处，则在坏处这边放一根。或者说，这个好处是我方的，就放在我方这边。这个好处是敌人的，就放在敌人那边。这些放下来的小棍儿，就叫"筹码"。标志着有利条件的，就叫"胜算"。最后，数一数两边都各有多少筹码。这就叫"计算"，也就是统计一下，看看两边各有多少根"算"。然后再算一下百分比，看看我方有"几成胜算"。这样算下来，就知道打这一仗，合算不合算了。合算就打，不合算就不打。这就是《孙子兵法》第一篇《始计》要讲的事情。

于是我们可以看出，孙子在进行战争策划的时候，考虑的就是一个字——利，甚至我们还可以说，他就是**"唯利是图"**。讲清楚这一点，很重要。因为我们以前讲战争，总是说正义，道德，都是这种讲法。而孙子讲的战争的目的，就是效益最大化。这是一个非常了不起的见解！你想嘛，战争的成本那么高，没有效益，何必要打仗呢？就算是正义的战争，反侵略战争，在具体作战的时候，难道不希望用最小的代价，换取最大的胜利吗？难道不希望我方将士尽可能少牺牲，敌人那边尽可能快完蛋吗？战争的经济学，岂非所有的参战者和领导人都应该考虑的？

胜与败

从"战争经济学"出发，孙子提出了他的第二个重要概念——善战。这也并不奇怪。因为只有"善战"，才可能实现战争中"效益最大化"的目标。

问题是，什么叫作"善战"，怎样才算"善战"？

孙子之论"善战"，主要集中在《形篇》（也叫《军形》）。在短短三百七十多个字中，孙子一口气说了五个"善战者"，一个"善用兵者"，两个"非善之善者"。这两个"非善之善者"，一个叫"见胜不过众人之所知"，一个叫"战胜而天下曰善"。前一条的意思，是说战斗之前就能预见到胜利，但这种预见，并没超出一般人的认识。这样的将领，不算真正的"善战者"，倒也说得过去。不好理解的是后一条——打了胜仗，大家都说好。这就奇怪。难道打了胜仗大家都没表示，都不夸他，才是真正的"善战者"？

孙子的意思，正是如此。他说：

善战者之胜也，无智名，无勇功。

这就是说，真正的善战者，他取得的胜利，既不会有谋略之名，也不会有英武之功。什么运筹帷幄，智慧过人；什么神机妙算，料事如神；什么出生入死，浴血奋战；什么冲锋陷阵，勇往直前……这些美誉，都跟他不搭界。为什么呢？因为第一，他只不过是在战争中没犯错误（战胜不忒）。第二，他只是战胜了容易战胜的人（胜于易胜者也）。第三，他甚至只是战胜了已经失败的人（胜已败者也）。如此而已。

这可真是"说得轻巧，卖根灯草"。难道善战者的胜利，只不过是捡了便宜？

当然没有这么简单。如果这么简单，就不是《孙子兵法》了。实际上，孙子的意思是说，**真正善战者的胜利，是建立在必胜基础之上的**。正因为是"必胜"，所以看起来没什么了不起。同样，正因为是"必胜"，所以还没开始，敌人就已经失败了。

那么，怎样才能**"必胜"**？

这就要分析：哪些人会胜，哪些人会败。孙子的回答是：

胜兵先胜而后求战，败兵先战而后求胜。

这话意思很清楚：但凡胜利者，都是先有必胜的把握，然后再去打。但凡失败者，则是不管三七二十一，先打了再说。先打了再说，就没有胜利的？当然有，还不少。战场上，瞬息万变，什么事情不可能发生？敌人决策错误，自己上门送死的都有。但在孙子看来，这只能叫"侥幸"，并非"必胜"。必胜，就只能胜券在握，然后再打。

在这里，有两点需要说明。第一，所谓"先胜而后求战"，讲的是"主动进攻"（求战）。敌人兵临城下，强行破营攻城之类，就不在此列。那是想战也得战，不想战也得战的。事实上，孙子这本书，原为争霸战争而写。他讲的，都是争霸。这种战争，主动权掌握在那些大国和强国手里，当然可以"吃柿子拣软的捏"，专挑弱的小的下手。何况古代的正规战争（游击战、遭遇战不算），从策划、准备、动身，到开战，往往有很长的时间。双方的军队，开到战场以后，要先扎营、布阵，有时还要择日、宣战。这样，即便两军对垒，也不一定就非打不可。自知不利的一方，也可以选择不战。因此，就算是两强争霸，也可以反复掂量、盘算、拿捏，可以先谋而后动，算好了再打。比方说，没有胜算，就按兵不动，等待时机。时机成熟，再发起进攻。公元221年的夷陵之战，东吴统帅陆逊，就是这么对付刘备的。当时，刘备率军顺江东下，与吴军对峙在夷陵。吴军将领纷纷要求出击，陆逊却另有主张。他不但不出击，反倒下令大踏步后退，把数百里的崇山峻岭都让给刘备，自己坚守在猇亭前线，拒不应战。这样一拖七八个月，等到蜀军运输困难，给养不足，斗志越来越涣散，士气越来越低落时，陆逊才出手。结果，一仗打得刘备满地找牙，最后病死在白帝城。

第二，所谓"先胜而后求战"，只是孙子的主张，你也可以不同意。想想也是，世界上，哪能每件事情都有百分之百的把握呢？一定要稳操胜券才动手，有些事情恐怕就别做了。其实，在我看来，打仗就像做生意，有时是要凭直觉的。可惜，凭直觉就能胜利和成功的，是天才，而天才总是少数。所以，听孙子的话，也没错。至少，在求战之前，你要有足够的把握和准备。有备则无患，盲动就只能靠侥幸了；而侥幸，是靠不住的。

那么，已有胜算，就一定胜利吗？未必。孙子说：

善战者，能为不可胜，不能使敌之必可胜。

这就是说，最会打仗的，也只能保证自己不会失败，却未必一定战胜敌人。为什么？因为**最后的胜败，取决于敌人**。比如陆逊能够打败刘备，就因为刘备犯了致命的错误。他放弃了可以水陆并进的有利条件，让水军上岸，在山林之中安营扎寨，还连成一片。这就等于把自己置于败军之地。结果，陆逊只搞了一次火力侦察，就有了办法。他命令士兵每个人带一把茅草，到了刘营就放火，在放火的同时进行攻击。这就是有名的"火烧连营"。可见，陆逊的胜利，要感谢刘备。刘备不犯错误，结果就难讲。所以孙子说：

不可胜在己，可胜在敌。

这意思也很清楚：**败不败，在自己。胜不胜，在敌人**。败不败，为什么在自己？因为自己不犯错误，就不会失败。胜不胜，为什么在敌人？因为敌人不犯错误，自己就不会胜利。相反，如果自己犯错误，自己就失败。敌人犯错误，敌人就失败。总之，谁犯错误，谁失败。错误，都是自己犯的。因此，**所有人都是被自己打败的。**

现在，请大家想一想，我们可以看出什么呢？可以看出孙子的思路。是什么呢？胜与败，**失败比胜利重要。**敌与我，**敌人比自己重要。**

或许有人会问，你刚才不是说，错误都是自己犯的，失败也都是自己败的，那就应该自己重要啊，为什么敌人更重要呢？原因很简单，就因为失败比胜利重要。战争的结果，无非三种：胜、败、平。其中，自己胜利，最好；自己失败，最坏；不胜不败，中等。那么，我们自己，能够争取到哪一种呢？中等。因为最会打仗的人，也只能"为不可胜"，不能"使敌之必可胜"。所以，争取"最好"，得让敌人失败。避免"最坏"，则要避免自己失败。自己不败，就能"保本"。进一步，还能争取"红利"。了不起，不赔不赚，打个平手。失败，是不是比胜利重要？

这就要分析、研究、琢磨，找到失败的原因。原因也无非两种，一是自己犯浑，二是敌人使坏。秦赵长平之战，就二者兼而有之。不过自己犯浑，是没救的。读再多的兵书，也没用。敌人使坏，却可以对付。怎么对付？一是不被敌人忽悠，这就能"保本"。二是反过来忽悠敌人，这就有"红利"。敌人，可不比自己重要？

问题是怎么做。《军形篇》也有两句话：

先为不可胜，以待敌之可胜。

立于不败之地，而不失敌之败也。

孙子这两句话前面，都有"善战者"三个字，可见是"善战之道"。意思也很明白，就是首先要站稳脚跟，然后再等待敌人的错误。一旦敌人出现失误，马上抓住不放。当然，积极主动一点，还可以引诱敌人失误。说白了，就是**"为自己做准备，让敌人犯错误"**。这样，就既能"立于不败之地"，又能让敌人成为"已败者"。

不过，这就又有了两个问题：第一，怎样立于不败之地？第二，如何让敌人犯错误？

怎样立于不败之地

怎样才能立于不败之地？要讨论这个问题，最便当的办法，是先看看，哪些将领容易犯错误，容易被打败。有哪些呢？五种：拼命的、怕死的、暴躁的、自尊的、心软的，《孙子兵法·九变》分别称之为必死、必生、忿速、廉洁、爱民，实际上是**五种致命弱点**。孙子认为，有这五种致命弱点的人，都不适合带兵打仗，至少不能成为优秀的将领。为什么呢？因为他们的性格特征，都很容易被敌人利用。敌人发现了这些弱点，就会想办法让他们做出错误的判断、错误的决策，采取错误的行动、错误的方针。

是这样吗？是。比如第一危，叫什么呢？必死。什么是"必死"？就是还没上战场，就不打算回来了。有人会说，这不是勇敢，不是视死如归吗？怎么不对呢？因为这种想法，勇敢倒是勇敢，但勇敢得没有道理。要知道，战争追求的不是"必死"，而是"必胜"。打仗也不是去"送死"，是去"杀敌"。你自己先死了，杀什么敌？这就不叫"打仗"，只能叫"拼命"了。拼命的结果，是被敌人利用。你不是想死吗？我也正好想让你死。那我就成全你，你死去吧！更何况，不怕牺牲，就难免鲁莽。不懂得保护自己，就不可能消灭敌人，反倒可能被敌人消灭。因此，一个将领，如果抱着必死的信念去打仗，这样的人，是可以让他死在战场上的，也是可以战胜的。这就叫"必死可杀"。

第二危，叫"必生"。什么是"必生"？就是还没上战场，先想着要活着回来。这就与前一种刚好相反，却同样要不得。战争，是一定会死人的。能活，是"幸存"。怕死，就别当兵。所以孙子说，贪生怕死，就可以俘虏他。因为你一打过去，把他打疼了，打怕了，打败了，他肯定投降。这就叫"必生可虏"。

不过，求生，是人的本能。只要有一线希望，大多数人也都是想生还的，哪怕是"侥幸"。只有被逼入绝境，置于死地，才会拼死一搏。那时，你就算不想拼命，也得拼了。所以，有时候，高明的将领也会故意这样做。比如公元前204年韩信攻赵，就曾"背水为阵"，也就是背靠河水布阵。这样一来，前面是劲敌，后面是急流。后退必死无疑，奋战还有生机。因此，汉军将士，无不以一当十，最终大获全胜，还杀了赵军统帅陈余。

韩信这一招，其实来自《孙子兵法》，这就是《九地篇》所谓"投之亡地然后存，陷之死地然后生"。韩信在事后，也是这么对手下解释的。但这一招，只有高手才能用。因为他把"必死"和"必生"统一起来了，还"反其道而用之"。你不是怕死吗？那我就让你先"死"，把你放在"死亡线"上。这个时候，怕也没用了，只能战斗，还得拼命战斗。这样一来，"必生"就变成了"必死"。而且，这个

"必死"，还不再是弱点，而是优势。它的结果，也不再是"可杀"，而是"不可杀"。所以，我们看问题，得讲辩证法，不能认死理。

第三危，叫"忿速"。什么是"忿速"？就是急躁、暴躁、易怒。你一刺激他，他就跳起来，像只好斗的公鸡。孙子说，这样的人，可以戏弄他，叫"忿速可侮"。怎么戏弄？设计。什么声东击西、调虎离山、打草惊蛇、欲擒故纵，都用得上。因为忿速之人，特点是做事不过脑子，哪能看出是计？也只有上当受骗中圈套的份儿。这就好对付了。

第四危，叫"廉洁"。这一条奇怪！廉洁奉公，怎么会是弱点？克敌制胜，难道要靠贪污腐败不成？原来，这里说的"廉洁"，是"好名"。廉洁之人，多半爱惜羽毛、看重名誉。对于他们来说，名誉往往比生命还重要。孙子说，这样的人，就可以羞辱他，叫作"廉洁可辱"。羞辱他，又怎么样呢？很可能会像忿速之人一样，跳起来。跳起来就中计了。

显然，第三危和第四危，结果是一样的。忿速之人也好，廉洁之人也好，都可能由于对方的刺激，而沉不住气，甚至失去理智。失去理智，就会冲动，所以必须克制。只不过，对付羞辱，恐怕更难。因为忿速之人多半是大老粗，廉洁之人则多半是士大夫。士大夫，可是最要脸面的。"士可杀而不可辱"嘛！是的，我可以不要高官厚禄、荣华富贵，也可以不怕刀山火海、九死一生，但我不能不要名誉，不能忍受羞辱。因此，所谓"富贵不能淫，贫贱不能移，威武不能屈"（《孟子·滕文公下》），大约是做得到的。要说"羞辱不能动"，就难。为什么？心理障碍太大。

于是，羞辱士大夫，就成了战争中难以抵御的"心理武器"之一。比如公元234年，司马懿迎战诸葛亮，两军对峙一百多天。诸葛亮多次挑战，司马懿不理不睬，诸葛亮就把女人的衣服给司马懿送去了。结果司马懿勃然大怒，上表魏明帝，请求皇帝批准他出战。魏明帝当然不会批准。不但不批准，还派了卫尉辛毗手持杖节，守在军营门口，这才算是止住（《晋书·宣帝纪》）。所以，唐人杜牧注《孙子兵法》时就说，以司马懿的聪明、睿智、沉稳，尚且"不胜其忿"，何况一般人呢？

不过这事也有两说。仍据《晋书·宣帝纪》，诸葛亮就认为司马懿的"请战"，不过是作秀。诸葛亮说，将在外，君命有所不受。他要真想打，还用得着"千里而请战"？此说如果成立，那就是诸葛亮按照"廉洁可辱"的规律，刺激了司马懿一下。司马懿呢？则假装受到刺激，趁机作了一把秀。这样理解，也很好玩。但不管怎么说，一个优秀的将领，确实应该"进不求名，退不避罪"（《地形篇》）。过于看重名声，也是会被人钻空子的。

第五危，叫"爱民"。爱民为什么不好？因为爱民，就有顾忌。敌人也就可以利用这个心理，不断骚扰，甚至以民众为"人质"，进行要挟。这就叫"爱民可烦"。

这一条，也麻烦。爱民不好，难道置人民群众的生死安危于不顾就好？所以，现在翻译《孙子兵法》的人，就只好想方设法打圆场。比方说，翻译为"过于爱民""溺爱民众""只知爱民""所谓爱民"等等。这就是"你不懂他的心"了。依我看，孙子的意思，其实是"不能心软"。战争，毕竟是一件残酷的事。战争的胜败，决定着国家和民族的生死存亡，来不得半点心慈手软。如果你这也疼，那也爱，这仗恐怕就甭打了。

或许有人会问，你说的，就能代表孙子的心思吗？我想能，因为有《孙子兵法》的其他说法为据。在《九地篇》，孙子讲了"将军之事"（将读去声），也就是统率军队的原则。这些原则，可是一点都不心软的。比方说，要蒙蔽士兵的耳目，让他们对军事行动一无所知（能愚士卒之耳目，使之无知）；率领他们奔赴战场，要像登上高楼却撤去梯子一样，让他们没有退路（帅与之期，如登高而去其梯）；率领他们深入敌后，要像射箭一样，让他们一直往前冲（帅与之深入诸侯之地，而发其机）；还要像赶羊一样，把他们赶过来，赶过去，不知到底要去哪儿（若驱群羊，驱而往，驱而来，莫知所之）。请问，这里面可有些许爱心？

　　或许有人会说，此处没有别处有。在哪？在《地形篇》。没错，在这一篇，孙子确实说了"视卒如婴儿""视卒如爱子"的话。但他同时也说，如果过分厚养却不能使用（厚而不能使），一味溺爱却不能指挥（爱而不能令），违反纪律也不能整治（乱而不能治），那就等于娇惯出一个骄横的儿子（譬若骄子），是不对的。为什么不对？因为"不可用也"。

　　由此可见，如果说孙子"有爱"，那也是为了"有用"。实际上，孙子讲得很直白——把士兵看作赤子，是为了让他们赴汤蹈火（视卒如婴儿，故可与之赴深溪）；把士兵看作爱子，是为了让他们视死如归（视卒如爱子，故可与之俱死）。爱，只不过是手段。因此，可以有"赤子"，有"爱子"，不能有"骄子"。

　　这并不奇怪。再说一遍，战争，是极其残酷的事情，也是极其严重的事情。作为三军统帅，高级将领，军事长官，只能铁石心肠，不能婆婆妈妈、黏黏糊糊、拉拉扯扯、磨磨叽叽。同样，作为军事学家，孙子的态度，也只能是**理性，理性，第三个还是理性**。

理性，是《孙子兵法》的灵魂。孙子那些脍炙人口的名言，比如"知彼知己，百战不殆"（《谋攻篇》），比如"攻其无备，出其不意"（《始计篇》），等等，也都贯穿着理性精神。不过我更看重的，还是他这"将有五危"。因为正如《作战篇》所言，真正懂得用兵的将领，是民众命运的掌握者，国家安危的主宰者（**知兵之将，民之司命，国家安危之主也**）。统帅和将领的心理素质不好，军队和国家的灭顶之灾，没准就在他的一念之差，正所谓"覆军杀将，必以五危"。所以，这是根本。抓住这个根本，就能"立于不败之地"。其他的，都是技术问题。那些技术问题，诸位有兴趣，可以慢慢琢磨，我就不多讲了。

如何让敌人犯错误

立于不败之地，只能"保本"。要想获取"红利"，还得让敌人犯错误。如何让敌人犯错误呢？说白了也只有两个字——**利害**。前面说过，战争，归根结底是利益的驱动。春秋战国时期的争霸战争和兼并战争，就更是如此。因此，在战争中，就不能不考虑成本和效益；或者说，考虑获取和损失。损兵折将，一败涂地，血本无归，固然不对。杀敌三千，自损八百，也不合算。因此，孙子告诫后人，战争的经济学原则，就是"非利不动，非得不用，非危不战"（《火攻篇》）。这条原则，可以用于自己，也可以用于敌人。怎么用？帮敌人打算盘，或者让他们觉得有利可图，或者让他们觉得危在旦夕，他们就一定会跟着我们的指挥棒走。当然，帮敌人打算盘，所有的数据，都得是假的，或者真真假假、半真半假。

所以，对付敌人的办法，就是"两面三刀"。两面，就是利和害；三刀，就是**威胁、利诱、忽悠**。威胁，就是让他们"因危而战"；利诱，就是让他们"因利而动"；忽悠，就是让他们"以为有得"。这三刀，都是"非利不动，非得不用，非危不战"原则的反用。

有战例吗？有。这里可以讲两个，桂陵之战和马陵之战。为什么讲这两个？因为都是孙膑指挥的。对手，也都是魏国将领庞涓。这两次战争，《史记》《战国策》《竹书纪年》《孙膑兵法》都有记载，但某些地方有出入。咱们也就别太较真，权当故事听吧！

孙膑是孙武的后代，与庞涓原本是同学。后来，庞涓到了魏国，当了魏惠王的将军。魏惠王，就是《孟子》一再提到的梁惠王。他是魏国的国君，因为把国都迁到了大梁（今河南省开封市），所以又叫梁惠王。魏惠王的祖父是魏文侯，父亲是魏武侯。他自己继位以后，二十多年间做到最强，是战国群雄中第一个称王的（楚人称王是在春秋）。

庞涓到了魏惠王那里，很受重用。但他有一块心病，就是知道自己的能力，比不上孙膑。于是，庞涓就做了一件缺德事。他把孙膑悄悄叫到魏国，然后栽赃，害他受了膑刑和黥刑。膑，就是剔掉膝盖骨；黥，就是在脸上刺字。孙膑受了膑刑，所以叫"膑"。庞涓认为，一个脸上有字、站不起来的刑徒，是不可能当什么三军统帅的。天底下最牛的军事家，那就只可能是自己了。至于孙膑，庞涓为他设计的前途，是藏起来，没脸见人。

孙膑呢？倒是藏起来了。他先是藏在了齐国使者的车子里，后来又藏进了齐将田忌的府邸中。而且，由于田忌的推荐，孙膑还成为齐威王的座上宾。这就注定了孙膑与庞涓，迟早会有一战。设计陷害孙膑的庞涓，也注定要受惩罚。

机会说来就来。公元前354年，魏惠王派庞涓率领甲士八万人进攻赵国，包围了赵国的都城邯郸（今河北省邯郸市）。情急之下，赵国向齐国求援。于是，齐威王就任命田忌做统帅，孙膑做军师，发兵救赵。孙膑因为是腿断了的，就坐在车子里面，外面蒙上帷帐，跟着田忌出去打仗，给田忌出主意。田忌就问孙膑，我们怎样救赵国呢？按照一般人的想法，既然赵国的国都邯郸被围了，那就应该直奔邯郸。然而孙膑的主意却是奔大梁，进攻魏国的国都。因为庞涓作为魏国的将领，当他自己的国都被人家攻击的时候，是不能不回来救的。要救，就得撤兵。庞涓撤兵，邯郸也就解围。反倒是他自己，匆匆忙忙往回赶，功亏一篑不说，还劳民伤财。这就既解救了赵国，又让魏国损失惨重，确实一箭双雕。

这就是历史上有名的"围魏救赵"，后来还成为"三十六计"中的一计。可惜，这只是一个故事。史实可能是，齐军并没有直奔大梁，而是在半路攻打平陵（今山东省菏泽市定陶区）。魏军也没有回师，而是全力攻城，并拿下邯郸。不过，我们还是可以拿它来说事，因为"围魏救赵"的主意，在道理上是讲得通的。《孙子兵法·虚实》说：

> 故善战者，致人而不致于人。能使敌人自至者，利之也；能使敌人不得至者，害之也。

这意思是说，**善于作战的，总是能够调动敌人，却不被敌人调动**。能让敌人自己来，靠的是利诱；能让敌人不敢来，靠的是威胁。其实，**能让敌人不得不来，也靠威胁**。庞涓攻克邯郸以后，人困马乏，齐军趁机向大梁发起进攻，庞涓也不得不回师救国。孙膑算定魏军必经桂陵（在今河南省长垣市西北），就在桂陵设下埋伏，狠狠地教训了庞涓一顿。这就是桂陵之战。孙膑这一招，当然不是"能使敌人不得至者，害之也"。但如果"活学活用"，大约也可以杜撰一句话，算作"能使敌人不得不至者，害之也"。至于"能使敌人自至者，利之也"，马上就会讲到，因为它就体现在马陵之战中。

马陵之战发生在公元前341年。起因，仍然是魏国攻打别人，齐国去救。打谁呢？说不清。光是司马迁，就提供了好几种说法。《魏世家》说，魏国攻打的是赵国，赵国向齐国求援。《田敬仲完世家》也说，魏国攻打的是赵国，但向齐国求援的是韩国，因为韩国跟赵国是哥们儿。《孙子吴起列传》则说，魏国攻打的是韩国，而且是联合赵国一起去打，赵国又变成了魏国的同伙。反正这回，齐国又出来插一杠子，又坏了魏国的好事。于是魏惠王大怒，任命太子申为上将军，庞涓为将领，率领大部队，浩浩荡荡地杀向齐国。

齐国这边，派出的将领仍然是田忌，军师也仍然是孙膑。他们率领的"维和部队"，当时已经到了外黄（今河南省民权县）。这时，孙膑就给田忌出了个主意。孙膑说，魏国的军队，一贯瞧不起我们齐国，认为我们齐国人都是胆小怕事的。我们这次，也一定要给他这样一个印象。怎么做？第一，撤退，从外黄往马陵撤。马陵在哪里？说法不一。较多的学者，主张就是原来属于山东、现在属于河南的范县。第二，减灶。具体地说，就是埋灶做饭的时候，第一天挖十万人吃饭的灶，第二天挖五万人吃饭的灶，第三天挖三万人吃饭的灶。这样一来，给庞涓的感觉是什么呢？是齐国的军队不到三天，就跑一半了。这就是《孙子兵法·始计》所谓"能而示之不能"（明明能，但告诉敌人不能），也就是忽悠。

庞涓果然上当受骗。他得意扬扬地说，我早就知道齐国人是胆小鬼！于是，庞涓舍弃了他的步兵，带着精锐部队，日夜兼程，一路狂追。孙膑呢，也算准了庞涓赶到马陵，必定是晚上。马陵道路狭窄，地势险要，正是打埋伏的好地方。孙膑就如此这般地做了一系列安排，然后稳操胜券地以逸待劳，单等庞涓来送死。

当晚，庞涓的部队如期追了过来。这个时候，他一门心思只想生吞活剥了孙膑，心切呀！赶过来以后，天已经黑了。但见黑黝黝一片树林，只有一棵树上有一片白。庞涓就下令钻木取火，点起火把来，看看咋回事。结果，魏军举着火把来到树前，发现这棵树被削了皮，上面写着八个大字——"庞涓死于此树之下"。庞涓明白，自己中计了，但也来不及了。魏军一行字没读完，齐军已是万箭齐发。原来，孙膑早将一万弓箭手埋伏在周围，而且下达了"看见火光就射箭"的命令。魏军的火把，等于是发信号。自知大势已去的庞涓只好自杀，魏国的那位太子也做了俘虏。这就是马陵之战。

现在看来，庞涓这个人，兵法真是没学好。《孙子兵法·兵势》说得很清楚：

> 故善动敌者，形之，敌必从之；予之，敌必取之。以利动之，以卒待之。

也就是说，善于调动敌人的，让他往哪他往哪，给他什么他拿什么。用小便宜引诱他，用大部队等待他。这几条，孙膑都做到了，庞涓也都照办了。孙膑要他去马陵，他就"从之"；要他占便宜，他就"取之"。要他中埋伏，他就钻进去。很"配合"嘛！

这就是"让敌人犯错误"的三招：威胁、利诱、忽悠。说到底，就是"兵以诈立"（《军争篇》）。孙子为什么要说这话？因为在他的时代，春秋早期、中期那种温文尔雅、行礼如仪、费厄泼赖的战争，已经成了"明日黄花"。取而代之的，是尔虞我诈、杀人放火、无所不用其极。这就不能再"温良恭俭让"，不能再把战争当"奥运会"开了。实际上，《孙子兵法》一开始，也就是在《始计篇》中说得非常明确：

兵者，诡道也。

这是对的。战争，不是慈善事业，也不是"学雷锋"，没那么多道德诚信可言。要讲道德诚信，只有不要战争。或者说，只有在和平环境中和法治前提下的公平竞争，才能讲道德和诚信，也应该讲道德和诚信。战场上，就讲不得这个。相反，还要把威胁、利诱、忽悠那一套，玩得不动声色、得心应手、炉火纯青。

怎么玩？我想起了一个人。谁？老子。此公，恐怕也是精于此道的。是不是呢？看完下一章，诸位自有判断。

老子的方法

老子与孙子

有三个问题，得先声明一下。第一，我讲老子，不讲人，只讲书。第二，书也不全讲。在中央电视台《百家讲坛》讲过的，就不讲，或者少讲。那些内容，请大家看我的两本书。一本叫《先秦诸子》，另一本叫《儒墨道法的救世之策》。第三，老子的思想，博大精深，没有谁能够在一次讲座里都讲完。我们今天，主要讲他怎么看问题。所以，本章的题目就叫《老子的方法》。

讲老子，为什么不讲人呢？因为老子是个什么人，讲不清楚。先秦诸子当中，最说不清的，就是老子。要知道，所谓"老子"，其实就是"老先生"。老先生，可多了去。我个人认为，写《老子》这本书的，跟司马迁《史记》里面有传的，不是同一个人。理由和证据，我在《先秦诸子》一书中已经说清楚了，这里不重复。

其实，讲书，也不容易。首先，版本就有很多。粗分，有两种传本，一种叫《道德经》，还有一种叫《德道经》。《道德经》是道经在前，德经在后，第一章的开头，是"道可道，非常道；名可名，非常名"。《德道经》则是德经在前，道经在后，第一章就是《道德经》的第三十八章，开头一句是"上德不德，是以有德"。长沙马王堆汉墓出土的《帛书老子》，就是《德道经》。为什么会有两个传本呢？李零先生的说法是，老子的学说，有两个学派在传承。其中一个，大家都知道的，就是以庄子为代表的道家。还有一个，是以韩非为代表的法家。道家系统传下来的，是《道德经》；法家系统传下来的，是《德道经》（请参看李零《人往低处走》）。这是粗分。如果细分，那版本就更多了。所以，下面我讲到《老子》某句原文的时候，可能会跟大家听到、看到的，不太一样。请别奇怪，也别以为又出了"硬伤"。当然，我会尽量使用大家比较熟悉的版本，即通常所谓"今本"。但是，如果"今本"明显有问题，我也会根据高明先生的《帛书老子校注》改过来。这一点，要请大家谅解！

难讲还有一个原因，就是《老子》究竟是一本什么书，说法也很多。比如历史上一直有人说，**《老子》是兵书**。谁说的？唐代的王真，宋代的苏辙，现代的章太炎、毛泽东。这几位，不会"满嘴跑火车"。他们这样说，肯定有道理。《老子》这本书，直接或间接地谈兵论战，大约有八九处。从这些论述看，老子应该懂军事。比如《老子》第五十七章说"以奇用兵"，就跟孙子说的"兵者诡道"（《始计篇》）和"兵以诈立"（《军争篇》），很是一致。所以我在上一讲的最后，就说老子恐怕也是精于"诡道"的。历史上那些会用兵的人，也大多喜欢老子。实际上，**老子虽未必懂"兵法"，却懂"兵道"**。对于真正的军事家来说，老子兵道的意义，也不亚于孙子的兵法呢！

那就来比较一下老子和孙子。

老子和孙子，许多地方还真像。比如《老子》第六十八章说，会当兵的不英武（*善为士者不武*）；会打仗的不愤怒（*善战者不怒*）；善于战胜敌人的，不与敌人交锋（*善胜敌者不与*）。为什么不要英武？因为英武就好斗。这就类似于孙子的"必死可杀"。为什么不要愤怒？因为愤怒就失控。这又类似于孙子的"忿速可侮"。至于为什么不与敌人交锋，则因为"不战而屈人之兵"是最高境界嘛！（均请参看前一章）《老子》第七十三章甚至还说："勇于敢则杀，勇于不敢则活。"这话翻译过来就是：敢冲上去的就死，敢不冲上去的就活。为什么？因为"必死可杀"嘛！不过，老子在讲这道理时，把"勇"与"敢"区别开来了。在他看来，冲上去只能叫"敢"，不冲上去才叫"勇"。也就是说，不做也是需要勇气的，而且还更需要勇气。因为这不是"不敢"，而是"敢不"。**敢不，才是最大的勇敢**。这个道理，我在《先秦诸子》一书讲过（请参看该书第六章第三节），这里不重复。

把"敢不"看作最大的勇敢，这就是"兵道"了。当然，孙子也讲"兵道"，比如"兵形象水"（《孙子兵法·虚实》）。什么叫"兵形象水"？就是说，用兵之道，形兵之法，就像水一样。水，都是"就低不就高的"；兵，也应该"吃软不吃硬"（水之行避高而趋下，兵之形避实而击虚）。水，都是"地势如何就如何流"；兵，也应该"敌人咋样就咋样打"（水因地而制流，兵因敌而制胜）。水，并不一定非得怎么流；仗，也不一定非得怎么打（兵无常势，水无常形）。用兵打仗的最高境界，就应该像行云流水，顺其自然，又变幻莫测。就算别人能看出一点名堂，那也是"知其然，不知其所以然"（人皆知我所以胜之形，而莫知吾所以制胜之形）。总之，只要能牵着敌人的鼻子走，那就是用兵如神（能因敌变化而取胜者，谓之神）。这就叫"形兵之极，至于无形"（《孙子兵法·虚实》）。

这又很像老子。因为老子也有一句名言，叫"上善若水"（《老子》第八章）。两个人都用水打比方，也都说像水最好。老子和孙子，是不是挺像？

不过依我看，他们两个，是貌合神离。因为老子的"水"跟孙子的"水"，并不在一条"河"里流。老子的"上善若水"，跟孙子的"兵形象水"，也满不是一回事。老子的意思是说，水，它对万事万物都有好处，却跟谁都不争，总是让着（水善利万物而不争），而且让到了谁都看不起、瞧不上的最低级、最卑贱的地方（处众人之所恶）。它就安安静静、与世无争地待在那里，流向那里。结果呢？反倒最接近于"道"（故几于道）。

很显然，老是老，孙是孙。**孙子讲的是用兵，老子讲的是做人。**孙子讲"水往低处流"，意思是"吃柿子拣软的捏"，专挑敌人虚弱的地方下手。就像水，哪儿低，哪儿有空隙，就往哪儿去。老子的意思，却是做人要低调。就像水，怎么低姿态，就怎么来。老子跟孙子，一样吗？不一样吧！

实际上，老子这个人，或许懂军事，却是个不喜欢战争的。比如《老子》第三十章就讲，以正道辅佐君主的，不穷兵黩武，不争强好胜，不以武力争霸于天下（以道佐人主者，不以兵强天下）。因为战争是一件极其残酷的事情。军队走到哪里，哪里就遭殃（师之所处，荆棘生焉）。在第三十一章，老子说得更明白。他说，兵（武器、暴力、军事力量），不是"君子之器"，而是"不祥之器"。只有万不得已，才能用（不得已而用之）。就算被迫使用，也应该淡然处之，不能张牙舞爪，叫"恬淡为上"。打了胜仗，也不能得意扬扬，不能讴歌赞美，叫"胜而不美"。因为讴歌赞美胜利，等于是喜欢杀人（是乐杀人）。喜欢杀人的，不可能得天下（夫乐杀人者，则不可以得志于天下矣）。所以，打了胜仗，不能开庆功会。那应该开什么？追悼会。这就叫"战胜以丧礼处之"。为什么？因为死的人太多，只能哭，不能笑。这就叫"杀人之众，以悲哀泣之"。

看来，老子反对战争，很可能是因为他反对杀人，尤其是反对乱杀人。在第七十四章，老子警告当权者，千万不要代替刑法部门去杀人。代替刑法部门杀人，就像代替木匠砍木头一样（是谓代大匠斫），没有不砍到自己手指头的（希有不伤其手矣）。

从这个意义上讲，战争，就更是"代大匠斫"了。因此，战争，是"天下无道"的表现。在第四十六章，老子说，天下有道，战马都用来耕田（却走马以粪）。天下无道，怀孕的母马都被征用，小马驹都生在疆场了（戎马生于郊）。那么，为什么战争还是没完没了？老子认为，是由于贪婪。接下来，老子说了一句非常有名的话：

祸莫大于不知足，咎莫大于欲得。故知足之足，常足矣。

这就清楚了。老与孙，大不同。孙子只是主张"慎战"，并不"反战"，反倒津津乐道于"善战"。**老子，才真是"反战"的**。

问题是，既然反战，为什么又要讲"兵道"呢？

也有两种可能。第一种，论兵是为了反战。但这种解释有问题。因为老子的论兵，是真讲军事。否则，他的书，就不会被看作兵书。第二种，兵道里面或者后面，还有别的"道道"。老子论兵，不过借壳上市、借题发挥，比如讲做人要"知足"等等。这倒很有可能。

那我们就来看看，是不是这样。

兵道与人道

最能说明问题的，是《老子》第六十九章：

> 用兵有言，吾不敢为主而为客，不敢进寸而退尺。是谓行无行，攘无臂，扔无敌，执无兵。祸莫大于轻敌，轻敌几丧吾宝。故抗兵相加，哀者胜矣。

这段话，是《老子》这本书当中，最"地道"的"军事学论述"。它就是讲战争的，没有反战的意思。只不过，它有不同版本。版本不同，意思也不同。现在诸位看到的，是流行的版本。通常的翻译，则是这样的：用兵的人都说，我不敢主动进攻，只敢被动防守；不敢前进一寸，只敢后退一尺。这就叫"摆开阵势，却没有阵势；举起胳膊，却没有胳膊；面对敌人，却没有敌人；紧握武器，却没有武器"。在战争中，最大的祸患就是轻敌。轻敌，就几乎丧失了自己的珍宝。所以，两军相遇而势均力敌，充满悲情的一方必定胜利。

按照这个版本和这种解释，老子的意思，就该是"哀兵必胜"和"后发制人"了。实际上，"哀兵必胜"这个成语，就从这里来。哀兵为什么就必胜呢？因为他是挨打的，是被侵略、被伤害、被欺辱的。敌人打进我们的领土，掠我财物，杀我人民，辱我妻女，毁我家园。是可忍，孰不可忍？忍无可忍，必定同仇敌忾，奋起抗争，拼死一搏。于是，满腔悲愤就会变成巨大的力量。这种力量，是不可抗拒的。所以，哀兵必胜；也所以，老子说"吾不敢为主而为客，不敢进寸而退尺"。你一定不能主动进攻，你只能后发制人。

现在我们要问，这个解释，讲得通吗？讲得通，但有问题。什么问题？接不上茬。哀兵必胜，跟"祸莫大于轻敌"有什么关系？跟"行无行，攘无臂，扔无敌，执无兵"等等，又有什么关系？难道主动进攻的，就一定轻敌？难道保家卫国的人，都不需要有阵势（行无行），不需要有胳膊（攘无臂），不需要有武器（执无兵），甚至不需要有敌人（扔无敌），只需要有悲情就行了？当然，所谓"行无行，攘无臂，扔无敌，执无兵"，也可以换一种说法来翻译：摆开阵势，就像没有阵势；举起胳膊，就像没有胳膊；面对敌人，就像没有敌人；紧握武器，就像没有武器。这也是讲得通的，因为老子喜欢说"就像"，比如"上善若水"。但是，这跟哀兵必胜、后发制人，又有什么关系？

看来还得另做解释。比如李零先生，就把"哀兵"解释为"以哀礼看待用兵"（《人往低处走》）。这也是有道理的。前面说过，老子的主张，就是要像开追悼会一样对待战争，要"以丧礼处之"嘛！所以，部队的礼仪，是"偏将军居左，上将军居右"，因为"吉事尚左，凶事尚右"（《老子》第三十一章）。如果这样做，就是"哀兵"。

可惜，这还是回答不了前面提出的问题。以哀礼看待用兵，固然不会主动进攻，却也未必轻敌呀！老子为什么要发出警告，要说"祸莫大于轻敌"呢？他这警告，是对谁的呢？

显然，悲情也好，丧礼也好，都不能解释"哀兵"。靠谱的解释，应该是"慈爱"。劳健的《老子古本考》，就是这样解释的。有道理吗？有。因为"祸莫大于轻敌"的后面，还有一句话，叫"轻敌几丧吾宝"。老子的"宝"，有几个？三个。是什么？一个叫"慈"，即"慈爱"；一个叫"俭"，即"节制"；一个叫"不敢为天下先"，即

119

"不打第一枪"。所谓"几丧吾宝"，指的就是这三个。原文，则在第六十七章。

或许有人会问，是这样吗？是。因为第六十七章，也是论兵的。而且老子说得很清楚：慈爱，就勇敢（**慈故能勇**）；节制，就广大（**俭故能广**）；不打第一枪，就能成为领袖和首长（**不敢为天下先，故能成器长**）。可是现在有些人，却放弃慈爱，去追求勇敢（**舍慈且勇**）；放弃节制，去追求广大（**舍俭且广**）；不知道谦和退让，却一门心思只想争当老大（**舍后且先**）。老子说，这是找死，死定了（**死矣**）！相反，如果以慈爱之心去战斗，就战无不胜；以慈爱之心去防守，就坚不可摧。这就叫"夫慈，以战则胜，以守则固"。为什么呢？因为"天将救之，以慈卫之"。老天爷想救助谁，就会用慈爱之心去呵护谁。

很清楚，"几丧吾宝"的"宝"，就是慈爱、节制、不打第一枪，而且首先是慈爱。于是，就在"几丧吾宝"的后面，老子紧接着说了"故抗兵相加，哀者胜矣"这句话。故，是"所以"的意思。因此，"祸莫大于轻敌，轻敌几丧吾宝。故抗兵相加，哀者胜矣"这段话，应该这样翻译：在战争中，最大的祸患就是轻敌。轻敌，就几乎丧失了"慈爱、节制、不打第一枪"这三件珍宝。所以，两军相遇而势均力敌，充满慈爱之心的一方必定胜利。

然而我们还是有问题。什么问题？轻敌，怎么就不慈爱呢？对此，陈鼓应先生有一个解释。陈先生说，轻敌是好战的表现。轻敌必多杀，多杀必伤慈（陈鼓应《老子注译及评介》）。所以，轻敌与不慈，是有关系的。这当然也通，但逻辑上还是有漏洞。因为轻敌的，未必都多杀。就算死人多，那也多半是自己人。打了败仗么！

弄不好自己都死了。这就实在只能算是"轻敌",不能算是"不慈"。同样,不慈的人,也未必都轻敌。历史上那么多屠城的,难道都轻敌?显然,轻敌与不慈,没有必然联系。老子这个"故"字,用得蹊跷。

其实,说蹊跷,也不蹊跷。为什么?因为"祸莫大于轻敌,轻敌几丧吾宝。故抗兵相加,哀者胜矣"这段话,恐怕原本不是这样的。是什么样的呢?是:

祸莫大于无敌,无敌近亡吾宝矣。故抗兵相若,则哀者胜矣。

这段文字,是从哪里来的?从长沙马王堆出土的《帛书老子》来。马王堆《帛书老子》有两种,一种叫甲本,一种叫乙本。上面这段话,是综合甲乙两种版本的结果。

那么,这个版本,跟前面那个版本,有什么不同呢?最大的不同,是"轻敌"与"无敌"。也就是说,"祸莫大于××,××几丧吾宝"这句话中的××,今本都写作"轻敌",马王堆《帛书老子》甲乙两种都写作"无敌",原文则是"祸莫大于无敌,无敌近亡吾宝矣"。无敌也不是"无视敌人",不是"不把敌人放在眼里"。如果这样理解,就跟"轻敌"没有区别了。应该是什么意思呢?是"没有可以匹敌的对手",即"无敌于天下"的"无敌"。

这就对了!为什么对了?因为一支军队或者一个人,如果当真天下无敌,或自以为天下无敌,他还会心慈手软,克制自己,不打第一枪吗?不会。可见,不是"轻敌则不慈",而是"无敌则不慈"。因此,老子的这段话,应该这样翻译:在战争中,最大的祸患就是没有对手，或者自以为天下无敌。无敌，就会丧失"慈爱、节制、不打第一枪"这三件珍宝。所以，两军相遇而势均力敌，充满慈爱之心的一方必定胜利。

现在我们知道老子"兵道"的后面，是什么"道道"了。什么"道"呢？人道。

的确，**老子很可能是一个"人道主义者"，或者有"人道精神"**。他的反战，就是证明。不过，老子大约也清楚，完全消灭战争，多半并不可能。所以，他只能退而求其次，希望手握兵权的人，不要逞勇，不要嗜杀，不要穷兵黩武、争强好胜。实在要打，也要适可而止，见好就收，不为已甚。这就是第三十章所谓"善者果而已矣，毋以取强焉"（引文据《帛书老子》，下同）。老子还说，战争，只要达到目的就行了。成功了不骄傲（果而勿骄），成功了不得意（果而勿矜），成功了不炫耀（果而勿伐），知道成功是不得已（果而毋得已居），这就叫"只求达到目的，无意耀武扬威"（是谓果而不强）。因此，他强调慈爱，强调节制，强调不打第一枪，并把"无敌于天下"看作最大的危险（祸莫大于无敌）。

不过，这样讲，还是有问题。什么问题？前面那句"行无行，攘无臂，扔无敌，执无兵"云云，不好解释。原来，这句话，也是被后人改过的。原文，应该是"行无行，攘无臂，执无兵，乃无敌矣"。所谓"乃无敌"，按照楼宇烈先生《王弼集校释》的解释，即"无人与之为敌"。所以，这段话翻译过来就是：摆开阵势，却没有阵势（行无行）；举起胳膊，却没有胳膊（攘无臂）；紧握武器，却没有武器（执无兵）；这就是"无人为敌"了。

可惜这样一来，问题就更大了。无人与之为敌，不是很好吗？

为什么还要说"祸莫大于无敌",而且还要紧接着就说呢？难道在"人道"的后面，老子还藏着别的"道道"？

言外之意

还是让我们重看第六十九章。当然，这回不能再用"今本"了，得用根据马王堆《帛书老子》甲乙两种校正过的版本。它应该是这样的：

> 用兵有言曰：吾不敢为主而为客，不敢进寸而退尺。是谓行无行，攘无臂，执无兵，乃无敌矣。祸莫大于无敌，无敌近亡吾宝矣。故抗兵相若，则哀者胜矣。

这段话，按照前面的理解，直接翻译过来就是：用兵的人都说，我不敢主动进攻，只敢被动防守；不敢前进一寸，只敢后退一尺。所以说，摆开阵势，却没有阵势；举起胳膊，却没有胳膊；紧握武器，却没有武器。这就是"无敌"了。无敌，是最可怕的。没有什么比"无敌"更害人。因为一旦"无敌"，就会丧失慈爱、节制、不打第一枪"三件珍宝。所以，两军相遇而势均力敌，充满慈爱之心的一方必定胜利。

现在，请大家从头到尾读一遍，顺畅吗？

哈！更不顺畅了，是不是？一方面说，慈爱就天下无敌，就战无不胜；另一方面，又说无敌是最大的祸患，最要不得。那么，无敌，究竟是好，还是不好？是要，还是不要？

也只有一种解释，即"乃无敌矣"的"无敌"，跟"祸莫大于无敌"的"无敌"，不是同一个意思，也不是同一个主体。前面那个"无敌"，是"找不到攻击对象"。楼宇烈先生的《王弼集校释》，就是这样解释的，谓之"欲就敌相争而无敌可就"。后面这个"无敌"，则是"没人打得过他"。高明先生的《帛书老子校注》，就是这样解释的，谓之"无有敌过他的对手"。这两种情况，显然不可能是同一个主体。说白了，前一个讲敌人，后一个讲自己。

这下子，老子的话就好理解了。我认为，他的意思是说"人要有慈爱之心"。有慈爱之心，就不敢主动进攻，只敢被动防守；不敢前进一寸，只敢后退一尺。结果呢？敌人打过来，想摆开阵势，却没有阵势可摆（**行无行**）；想举起胳膊，却没有胳膊可举（**攘无臂**）；想紧握武器，却没有武器可握（**执无兵**）。或者说，敌人摆开阵势，却等于没有阵势；举起胳膊，却等于没有胳膊；紧握武器，却等于没有武器。为什么？找不到攻击对象么！这就是所谓"无敌"了（**乃无敌矣**）。但，这是敌人"无敌"，不是我们"无敌"。敌人无敌，也不是因为他们战无不胜，而是我们不跟他打。对手都找不到，可不就"无人与之为敌"？所以，敌人并不"牛"。同样，如果因此认为我们"牛"，也大错特错！正如王弼的《老子道德经注》所说，所谓"无敌"，并非因为我们多么厉害，多么强大，多么不可战胜。相反，是因为我们无意以武力争霸天下（**非欲以取强无敌于天下也**），也根本就不想打仗，这才弄得敌人无战可胜，也才显得我们"天下无敌"。而且，这种状态，是在仓促之间因为不得已，才实现的（**不得已而卒至于无敌**），没什么了不起！可惜，人，都是容易犯糊涂、翘尾巴的。他很可能会把"敌人找不到对手",看作"没有人是自己的对手",错解了"无人与之为敌"。那样一来,可不就会把"慈爱、节制、不打第一枪"这三件珍宝,都给丢了?因此必须高度警惕,把"无敌"视为最大的祸患(斯乃吾之所以为大祸也)。

显然,所谓"行无行,攘无臂,执无兵",讲的是敌人。所谓"祸莫大于无敌",警告的是自己。那么,所谓"故抗兵相若,则哀者胜矣",说的又是谁呢?

是敌人,也是自己。为什么?因为一旦我们自己丧失了"三件珍宝",变得杀气腾腾(失慈)、自高自大(失俭)、不可一世(敢为天下先),矛盾对立的双方就会转化,事情的结果也会变化。怎么变?敌我双方,各自走向自己的反面。我们,由挨打的变成打人的;敌人,则由打人的变成挨打的。结果,按照"谁打人谁倒霉"的逻辑,自然是变得对敌人有利。原因,则是我们自以为天下无敌。所以,老子才会谆谆告诫大家"祸莫大于无敌"。

不过,这样讲,还是有问题:难道敌人一挨打,就变成"充满慈爱之心的一方"了?如果变不成,怎么能说"抗兵相若,则哀者胜"呢?

看来,哀兵之哀,也得重新解释。怎么解释?不是"慈爱",是"被慈爱"。被谁慈爱?天。《老子》第六十七章讲得很清楚,老天爷想救助谁,就会用慈爱之心去呵护谁(天将救之,以慈卫之)嘛!可见,慈爱的主体,是天。所以,"哀者胜矣"这句话,不能翻译为"充满慈爱之心的一方必定胜利",应该翻译为"被老天爷慈爱的一方必定胜利"。

那么,老天爷慈爱呵护谁?

弱者。他的"天平"，是向弱者"政策倾斜"的。这并不奇怪。我们知道，慈，是一种指向性很明确的爱，而且就是长者对幼者，强者对弱者，大的对小的。比如父母对子女的爱，就叫"慈"（慈爱）。子女爱父母，则叫"敬"（敬爱）。因此，我们可以说一位老人很"慈祥"，不能说孩子"慈祥"；可以说父母是"慈父慈母"，不能说子女是"慈子慈女"。

作为"自上而下"的爱，慈又分两种。一种是心疼，即"疼爱"；一种是怜惜，即"怜爱"。疼爱，是长对幼，比如老奶奶对小孙子。怜爱，是强对弱，比如大男人对小女人。得不到疼爱或怜爱，则有两种可能。一种是可恶、讨嫌，那就姥姥不疼舅舅不爱。还有一种则是强势、强大，也就用不着心疼或怜惜。

哈，清楚了。你想得到老天爷的慈爱呵护吗？那你就得是个弱者。而且，最好是被动挨打、可怜兮兮，心中充满忧伤和悲情，也就是"哀"。哀则怜，怜则爱，爱则慈。老子说"哀者胜矣"，道理其实就在这里。他不说"慈兵"，而说"哀兵"，道理也在这里。

这就又回到了"哀兵"一词的原来解释——"充满悲情的一方"。不过在老子这里，哀兵必胜，并非因为他们同仇敌忾，奋起抗争，拼死一搏，而是因为能够得到天的呵护。相反，如果无敌于天下，或者自以为天下无敌，那老天爷就不管你、不帮你了，因为你不招人怜爱么！老天爷的呵护帮助可是至关重要，所以说"祸莫大于无敌"。

现在，我们可以把《老子》第六十九章重新翻译一遍。先再看原文：

用兵有言曰：吾不敢为主而为客，不敢进寸而退尺。是谓行无行，攘无臂，执无兵，乃无敌矣。祸莫大于无敌，无敌近亡吾宝矣。故抗兵相若，则哀者胜矣。

　　这段话，加上解释和串联，翻译过来就是：用兵的人都说，我不敢主动进攻，只敢被动防守；不敢前进一寸，只敢后退一尺。因为真正懂得用兵的人，是以"慈爱、节制、不打第一枪"，为生死存亡之道、克敌制胜之宝的。于是，敌人打进来，想摆开阵势，却没有阵势可摆；想举起胳膊，却没有胳膊可举；想紧握武器，却没有武器可握。或者说，摆开阵势，却等于没有阵势；举起胳膊，却等于没有胳膊；紧握武器，却等于没有武器。这就是"无人与之为敌"了。但，这是敌人"找不到攻击对象"，不是我们"不可战胜"。如果误以为我们自己"天下无敌"，那就大错特错。战争中，没有比这更大的祸患了。因为这会使我们丧失或者丢掉那"三件珍宝"，也会反过来使敌人变主为客、变进为退、变攻为守，从不利变成有利。所以，两军相遇而势均力敌，总是被动挨打，充满悲情，或者说，能够使自己成为"哀者"，因此被老天爷慈爱呵护的一方胜利。

　　这，恐怕就是老子的"兵道"了。它的核心，是"一曰慈，二曰俭，三曰不敢为天下先"，也就是"慈爱、节制、不打第一枪"这三件珍宝。它的背后，则是**慈爱为本的悲悯情怀**。所以，《老子》第六十九章字面上讲的是"兵道"，骨子里表达的却是"人道"。这正是他的"言外之意"。也所以，老子跟孙子虽然挺像，却其实大不相同。比方说，孙子的"不战而屈人之兵"，只是让对方的军事力量挫败或者短缺；老子的"行无行，攘无臂，执无兵"，却是对方军事力量再强，也让他打不成。事实上，**孙子的"不战而胜"，是出于成本核算；老子的"哀兵必胜"，却是出于人道主义**。老与孙，岂能同日而语？

但是问题又来了。慈爱的、和平的、反战的《老子》，怎么成了兵家必读之书呢？

也只有一种可能，那就是**老子在思考和阐述这些观点的时候，他所使用的方法，是可以被兵家借鉴，甚至也可以被所有人借鉴的**。这便正是他的又一层言外之意。

那我们就来看"老子的方法"。

人往低处走

先看老子的立场。

这个不说也清楚，当然是站在弱者一边。因为老天爷的天平，都是向弱者倾斜的嘛！实际上，老子喜欢的，肯定的，推崇的，不是小的就是柔的，不是柔的就是弱的，不是弱的就是虚的，要不就是卑下的或者是原生态的。最好，是兼这些性质、特点而有之。比如水，就是柔的；女人，就是弱的；毂（读如谷，车轮中插轴的圆孔），就是虚的；谷（山谷、溪谷、峡谷），就是卑下的；朴（未经加工的木材），就是原生态的；婴儿，则又小，又柔，又弱，又原生态。所有这些，老子都推崇备至，赞不绝口，主张学习。

为什么会这样？我们不妨一项一项来看。

先看婴儿。婴儿，是老子喜欢的。《老子》全书，提到婴儿有三处，还有一处说的是"赤子"，也是婴儿。说法是什么呢？第十章说"能如婴儿乎"，第二十章说"如婴儿之未孩"，第二十八章说"复归于婴儿"，第五十五章说"含德之厚，比于赤子"。意思都差不多，就是婴儿最好，应该向婴儿学习，最好能回到婴儿的状态。

婴儿为什么就最好呢？因为在人当中，婴儿最小、最柔、最弱啊！你看那婴儿，刚刚从娘胎里生出来的时候，柔软得好多人都不敢抱。我女儿生出来的时候，我就不敢抱。后来我女儿又生了个女儿，我还是不敢抱。那么软，怎么敢抱？但是老子说，你把他遗弃在山林里面，老虎也不吃，豺狼也不吃，老鹰也不来叼，毒蛇也不来咬（第五十五章）。因为他太柔弱了，柔弱得让你心疼，要去保护他。所以，**最柔弱的，就是最安全的**。

老子还说，婴儿虽然柔弱，力量却很大。婴儿的小手，总是捏得紧紧的，从来就不放开。这就叫"骨弱筋柔而握固"。虽然他最柔弱，但是他捏得最紧。还有，婴儿哭个不停，嗓子却从来不哑，总是歌声嘹亮。老子说，这就叫"和之至也"，也就是身心和谐到了极致（第五十五章）。可见，**最柔弱的，就是最坚强的，也是最和谐的**。所以，婴儿是人生的最佳状态，应该回到婴儿状态去。而且，最好还是"如婴儿之未孩"（第二十章）。孩，就是笑。准确地说，是"笑出声音来"，咯咯咯地笑。老子说，会这样笑之前，是人生的最好阶段。

再说水。水，也是老子最喜欢的，"上善若水"（《老子》第八章）嘛！水的特点，也是最柔弱，同时又最坚强。《老子》第七十八章就说，天底下最柔弱的就是水，最能攻坚的也是水（天下莫柔弱于水，而攻坚强者，莫之能胜）。你石头够硬吧？我水滴石穿啊！更不要说洪水了，什么都能摧毁。所以"天下之至柔"，便可以"驰骋天下之至坚"（《老子》第四十三章）。也就是说，**最柔弱的，就是最厉害、最所向无敌的**。

再说女人。女人像水，贾宝玉就说女人是水做的嘛！女人怎么像水？柔弱。还有一条也像，卑下。水卑下，没问题，水往低处流嘛！女人怎么就卑下了？男尊女卑？对不起，不是这个意思。老子是不主张"男尊女卑"的。他的主张，是"女尊男卑"。他崇拜女人，尤其崇拜母亲。

这就可以得出三个结论来：**女人比男人好，下面比上面好，不动比乱动好**。老子认为，这是普遍真理，可以用到各个方面。比方说，安邦治国和军事外交。在第六十一章，老子开口就说：

> 大国者，下流也，天下之牝。

需要说明一下。这句话，以及后面的引文，都是根据《帛书老子》校正过的，跟大家看到的流行版本（今本）不同。这不是修改，是正本清源，回到《老子》的本来面目。理由，请参看高明先生的《帛书老子校注》，这里不啰唆。有两个概念，也要解释一下。第一个，下流，不是卑鄙下流，不是耍流氓，是指"江河的下游"。第二，牝（读如聘），是雌性动物的总称。在老子这里，也可以指女人。因此，这句话的意思，是说大国应该像江河的下游，这样就能成为全天下的"女人"或"雌性"。

老子说，国与国，也如此，以"谦恭自下"为好。大国谦恭自下，就能得到小国的拥戴和归附（**大国以下小国，则取小国**）；小国谦恭自下，则能得到大国的庇护和包容（**小国以下大国，则取于大国**）。大国原本就想要有附庸国（**大国不过欲兼畜人**），小国原本就想要有保护伞（**小国不过欲入事人**）。双方都低姿态，就能各得其所，你好我好大家好，实现"双赢"（**各得其所欲**）。不过，小国谦恭自下易，大国谦恭自下难。所以，老子又特别补充一句：越是强，越是大，就越要谦恭，低调，待在下面（**大者宜为下**）。

外交如此，军事亦然。会打仗的，也应该学女人。怎么学？以静制动，以逸待劳，敌进我退，以柔克刚。道理是一样的，规律也是一样的，那就是"谁先动作谁倒霉"。所以，老子一再讲，千万别打第一枪。相反，"善为士者不武，善战者不怒，善胜敌者不与"（《老子》第六十八章）。真正会打仗的，总是后来居上，后发制人。

有趣的是，就在这句话后面，老子紧接着又说了一句"善用人者为之下"。意思也很清楚，就是善于当领导的，一定要谦恭自下。这就又从军事说到政治了。第六十六章则说得更明白：统治者如果能够谦卑，能够克制，能够先人后己，那么，即便他尊崇在上，号令在前，老百姓也不觉得是负担，是祸害（**处上而民不重，处前而民不害**）。结果，老百姓就不会厌恶他，颠覆他，反倒乐意于推崇他的功德（**天下乐推而不厌**）。

很清楚，低姿态，在下面，学女人，对内就能长治久安，对外就能游刃有余，在世界上就能真当老大。看来，从房中术到帝王术，从"阴道"到"霸道"，也只有一步之遥。

不过，在第六十六章，老子提出的学习榜样不是女人，是大江大海。老子说，江啊，湖啊，海啊，为什么能够聚集那么多水，成为"溪谷之王"呢？就因为它那个地方最低啊！高处的水，都流到它这儿来了。所以，江河湖海要成为江河湖海，就一定要比一般的溪流山谷更低。这就叫"江海之所以能为百谷王者，以其善下之，故能为百谷王"。同样，你想成为"天下之王"吗？那你就得"为天下溪""为天下谷"（第二十八章），或者成为"天下之牝"（第六十一章）。总之，你的姿态越低，得到的就越多。

除了卑下，还要虚空。江河湖海，还有山谷，便原本都是虚空的。虚空，才进得了水，也才盛得住水。还有第十一章讲的车轮中插轴的圆孔、门窗、杯子、瓶子、饭碗当中的部分，都是空的。空，才有用，也才能用。总之，**最卑下的就是最崇高的，最空虚的就是最实在的**。我们甚至还可以推出一个结论：**最原生态的，就是最现代化的**。老子喜欢未经加工的木材（朴），就因为它是原生态的。

这就是典型的"人往低处走"了。所以，李零先生就用这句话，来做他讲《老子》一书的书名。问题是，老子为什么会这样主张？这跟他的方法又有什么关系？

唱反调与想问题

不妨再来看看，老子最推崇的，都是什么呢？婴儿、女人、水、毂、谷、朴。特点呢？幼小，柔弱，阴性，虚空，原始。可见老子的价值取向，就是**求下，贵柔，崇阴，尚无，喜欢原生态**。

这就跟传统的、主流的，或者说儒家的、公众的价值取向，大相径庭。比如，中国人大多是尊老的，认为老人有经验、多智慧。不听老人言，吃亏在眼前。老子却说婴儿最好。又比如，传统社会讲"男尊女卑"，认为男人比女人聪明、能干、有力量，老子却说女人最好，最后的胜利都是属于女人的。再比如，通常的说法，是"人往高处走，水往低处流"，老子却认为水往低处流，人也应该往低处走。请大家想想，这不是"**唱反调**"吗？

实际上，老子就是个唱反调的。在第二十章，他公开宣布了自己的种种"与众不同"。第一个，叫作"众人熙熙，如享太牢，如春登台；我独泊兮其未兆，如婴儿之未孩"。太牢，是一种祭祀的规格。古人祭祀祖宗，祭祀神明，要有牺牲品。牺牲主要有六种，马、牛、羊、猪、狗、鸡，叫"六牲"。只用牛、羊、猪，叫"三牲"。三牲齐全，或者只要有牛，就叫"太牢"。牢，就是宝盖头下面一个牛嘛！没有牛，或者只有羊，则叫"少牢"。这里说的"太牢"，意思是盛宴。泊，就是淡泊宁静；未兆，就是没有迹象。这话的意思就是说，那些普通人啊，熙熙攘攘，欢天喜地，兴高采烈，就像吃大餐，搞旅游（如春登台），高兴得不得了。只有我，无动于衷，浑浑噩噩，就像婴儿还不会笑出声音来。

接下来，老子一口气说了好几个"与众不同"。他说，大家都绰绰有余，唯独我一无所有（*众人皆有余，而我独若遗*）；大家都清清楚楚，唯独我稀里糊涂（*俗人昭昭，我独昏昏*）；大家都聪明伶俐，唯独我死不开窍（*俗人察察，我独闷闷*）；大家都想大有作为，唯独我愚昧无知，冥顽不化（*众人皆有以，而我独顽且鄙*）。总之，大家都特把这世界当回事，只有我嬉皮笑脸，傻了吧唧，像个吃妈妈奶的顽童（*而贵食母*）。

老子为什么要唱反调呢？因为在他看来，**好与坏，原本没有区别，没有界限**。就是在这个公开唱反调的第二十章，老子开宗明

133

义就说："唯之与阿，相去几何？善之与恶，相去若何？"唯，就是唯唯诺诺；阿，通呵，就是呵斥、训斥。老子说，是是是，滚滚滚，有区别吗？没区别啊！说"是是是"，说不定就是"滚滚滚"的意思。说"滚滚滚"呢，没准反倒是"是是是"。同样，那善与恶、美与丑、好与坏，又差多少？也没多少嘛！

这就有问题了。既然没有多少区别，为什么要反着来呢？就因为**一般俗众都认死理**。他们认为，好的就一定好，坏的就一定坏；最好就是最好，最坏就是最坏。实际上，哪有那么简单？比如在一般俗众看来，当皇帝是最好的。当皇帝多好呀，要什么便有什么，喜欢谁便是谁。其实未必。比方说，时令菜，他就吃不到。也不光是吃不到，是根本就不能让他知道。那个时候，没有温室，没有大棚，也没什么反季节蔬菜。如果让他知道了什么好吃，开口就要，你上哪弄去？弄不来要杀头的，也只好瞒着他。这就还不如农民，自家园子里摘点，炒着就吃了。皇帝号称"食前方丈"，其实每天吃的就那么几种，其他菜都是装样子摆排场的。实在吃烦了，说加个菜吧，马上送来一盘炒鸡蛋。再加，也还是这个。因为鸡蛋一年四季都有，厨房里老备着。性生活也一样。说是"三宫六院，七十二妃"，那么多女人，爱谁跟谁。其实晚上到了某个宫里，外面就站着太监，看着沙漏，拿笔在那儿记，皇上今晚跟谁了，几点钟进去的，等等。一到点，小太监就在外面喊：万岁爷，时辰已到，保重龙体！你想多亲热一会儿都不行。这还是日常生活，更不要说还有繁忙政务和宫廷斗争，还要提防这个算计那个。那些政治斗争中的失败者和牺牲品，真是"悔不该生在帝王家"。可见，当皇帝，确实是最尊贵的，最有权力的，但同时，也最不自由，最可怜。

由此可见，我们得多一个心眼，学会反过来想问题。比如大家都说好的，可能其实未必好；都说不好，则可能其实并不坏。因此，在第二章，老子就说：

天下皆知美之为美，斯恶矣；皆知善之为善，斯不善矣。

这段话，也有两种解释。一种解释说，天下都知道了美是美，也就同时都知道了丑是丑；知道了善是善，也就同时都知道了恶是恶。也就是说，美的概念产生之后，丑的概念也产生了；善的概念产生之后，恶的概念也同时产生。另一种解释说，所有人都认为是美，那他就是丑；都认为是善，那他就是恶。前一种解释是认识论，讲"相反相成"；后一种解释是价值论，讲"物极必反"。两种解释，都对都通。

实际上，这两种解释，是有关联的。第一种解释告诉我们，美与丑，善与恶，还有后面紧接着谈到的有与无，难与易，长与短，高与低，前与后，等等，这些**矛盾对立的双方，都是相反相成的**。所谓"相反相成"，说得直白一点，可以这样表述：你是你，我是我。我不是你，你不是我。这叫"相反"。但，有你是因为有我，有我是因为有你。你是我的原因，我是你的根据。因此，有你就有我，没你就没我。这叫"相成"，也就是"有无相生，难易相成，长短相形，高下相倾，音声相和，前后相随"。结果是什么呢？首先，我离不开你，你离不开我；其次，我会变成你，你会变成我；最后，我就是你，你就是我。这就像一枚硬币的正反两面。正面是你，反面是我。可是，只要翻个个儿，那就我变成你，你变成我。什么时候翻个儿？

走到极致的时候。比方说，天下人都说是美，都说是善。这个时候，就"物极必反"了。这就是第二种解释的来由。

所以，我们不能认死理，以为你永远是你，我永远是我。你和我，是会变的。怎么变？**矛盾对立的双方，都向自己的反面转化。**比方说，正变成邪，善变成恶。这就叫"正复为奇，善复为妖"。这句话，是老子在第五十八章说的。也就在这一章，老子还说了一句脍炙人口的名言：

> 祸兮福之所倚，福兮祸之所伏。

这就说得更透彻了：**坏事，是好事的靠山；好事，是坏事的窝点。好事就萌芽在坏事当中，坏事就潜伏在好事里面。**所以，好事会变成坏事，坏事会变成好事。而且，坏到头，就会变好。好到头，就会变坏。如果认为是非成败都一成不变，那就大错特错。

可惜，俗人和庸人，都是喜欢"报喜不报忧"，而且"记吃不记打"的。他们总认为大家都说好的，那就一定好，一定值得追求。所以，说一千道一万，他们还是"如享太牢，如春登台"。这就要唱反调，甚至给他们当头一棒。于是，在第十二章，老子告诫世人：别以为五颜六色是好东西，看多了，你眼睛会瞎（五色令人目盲）；别以为歌声乐曲是好东西，听多了，你耳朵会聋（五音令人耳聋）；别以为美味佳肴是好东西，吃多了，你舌头会麻（五味令人口爽）。还有骑马打猎和奇珍异宝，也不是什么好事情、好玩意。这两个，一个会让你心灵不安，一个会让你行为不轨（驰骋畋猎令人心发狂，难得之货令人行妨），怎么能要？总之，"天下皆知美之为美，斯恶矣"。大家都朝思暮想、趋之若鹜、垂涎三尺、梦寐以求的，那就一定是坏东西，一定要不得。

大家都想要的不能要，那应该要什么？都不想要的呗！有人这样做吗？有。谁？江河湖海。你看那江河湖海，处在海拔最低的地方。大家都不想要的，什么泥沙呀，污水呀，它们都来者不拒，承受着天下之不堪。结果呢？反倒成了"百谷王"（第六十六章）。事实上，江河湖海成为"百谷之王"，就因为它们不但卑下、空虚，而且还能藏污纳垢嘛！

江河湖海如此，人也一样。因此，在第七十八章，老子说，谁能承受一个国家所有的耻辱，那他就是一国之主（受国之垢，是谓社稷主）；谁能承受一个国家所有的祸殃，那他就是世界之王（受国不祥，是为天下王）。哈！原来所谓"一国之主"和"世界之王"，是个"背黑锅"的，是垃圾箱、回收站、污水厂呀！

这就太有意思了，我们不妨继续往下看。

境界与追求

实际上，就在第七十八章，在说完天子、诸侯必须"受国之垢""受国不祥"之后，老子做了一个说明。他紧接着说，这就叫"正言若反"。什么叫"正言若反"？也就是"正话反说"。有人正话反说吗？有。谁？天子、诸侯。天子、诸侯怎么称呼自己？孤、寡、不穀。诸侯称孤道寡，天子自称不穀。什么意思？孤，就是"孤独之人"；寡，就是"寡德之人"；不穀，则是"不善之人"。呵呵，都不是什么好词。所以，老子在第四十二章就说，天底下最不好的称呼（**人之所恶**），莫过于此了。可是，我们知道的情况，却是这些"恶名"，为天子和诸侯独享，是一种最高的"待遇"。别人想用，还没资格。

那么，天子、诸侯，为什么要往自己身上"泼污水"呢？

也有四种解释，或者四个原因。

第一，**以贱为本**。这是老子在第三十九章讲的。老子说，尊贵，是以卑贱为根本（**贵以贱为本**）；崇高，是以卑下为基础的（**高以下为基**）。所以，天子、诸侯，才用恶名来称呼自己（**是以侯王自称孤、寡、不毂**）。这倒是很符合老子的思想方法：相反相成，物极必反。相反相成，则尊贵从卑贱中产生。物极必反，则卑贱到极点，就是尊贵到极点；卑下到极点，就是崇高到极点。所以，天子、诸侯，得把"屎盆子"扣在自己头上。

第二，**至誉无誉**。这也是老子在第三十九章讲的，不过只有一种版本这么说，据说还是根据《庄子·至乐》改的。其他版本，文字不同。一种叫"致数与无与"，一种叫"至誉无誉"。致，就是招致；与，就是给予。按照老子的辩证法，给个不停，等于没给；要个没完，等于没要；反复赞美，等于没赞美。因此，最好的赞美，就是不赞美。就像武则天，干脆给自己立一块"无字碑"。这，大约可以算是"至誉无誉"。

庄子说的"至誉无誉"则不同。它的意思不是"不赞美"，而是"无须赞美"。因为根本就用不着，也赞美不了。比如天地日月，你怎么赞美？也只能说"好大呀！好美呀！好辉煌呀！好明亮呀！"等于没说。再说了，天地日月，需要我们赞美吗？不需要。不需要，才是最高的赞美。所以，"至誉无誉"虽未必是《老子》原文，却符合老子的思想。

其实，不但至誉无誉，至毁也无毁。记得鲁迅先生就说过，要诋毁一个人，最好的办法，是躲在人群里，指指点点，欲言又止，然后大摇其头。这样，大家就不知道这个人有多坏。实际上，这个人可能一点都不坏。但"无毁"的杀伤力，却很大。因为，如果你把这个人的"罪状"都一条一条数出来，可能就会有人说"这不是事实呀"，或者说"这也没什么呀"，甚至说"我看很好呀"，等等。如果你只是摇着脑袋说"他呀，他呀"，就至少让人起疑。疑心生暗鬼。这个本来真没什么的人，没准从此就"有什么"了。这就是"无"的力量。

第三，**损之而益**。这是老子在第四十二章所讲，全文是"物或损之而益，或益之而损"，也是解释"人之所恶，唯孤、寡、不穀，而王公以为称"的。意思也很清楚：减损就会增加，增加就会减损。减损得多，增加也多；增加得少，减损也少。减损和增加，是成正比的。因此，为了增加，就得减损。为了"加到最多"，就得"减到最少"。是啊，既然"天下皆知美之为美，斯恶矣"，那么，天下皆知其"丑"呢？岂不就是"美"？

这三种解释，原理不同，意思一样。就是说，天子、诸侯为了得到最高的荣誉、最高的尊荣，故意"称孤道寡"，把自己说成是"不善之人"。其实，他是要当"圣上"，而且还要"独享"。否则，怎么不准别人这样自称？难怪赵朴初先生说，尊贵是王侯，偏偏称孤寡，你说这是谦虚还是自夸？这是反面的解释。

正面的解释是第四种，**上德若谷**。这是老子在第四十一章讲的。谷，就是山谷、峡谷、溪谷。前面说过，这是老子最喜欢、最推崇的。它的特点，一是卑下，二是虚空，三是包容。因此，所谓"上德若谷"，就是说，**达到最高道德境界的人，一定谦恭卑下，兼收并蓄，虚怀若谷**。实际上，"虚怀若谷"这个成语，就从这里来。这样看，尊贵是王侯，偏偏称孤寡，其本意就不是"装腔作势"，而是"应该像山谷一样放低身段、敞开胸怀"了。因为按照老子的说法，做诸侯，当天子，是要"受国之垢""受国不祥"的。不能"受国之垢"，就不能做诸侯；不能"受国不祥"，就不能当天子。谁能"受国之垢"？孤家寡人。谁能"受国不祥"？不善之人。天子、诸侯自称孤、寡、不穀，不是名正言顺吗？

看来，这"黑锅"，天子、诸侯是非背不可的。不背，就不能"若谷"。这"垃圾箱、回收站、污水厂"，他们也非做不可。不做，也不能"若谷"。实际上，江河湖海了不起的地方，还不仅仅在卑下和虚空，更在于包容，尤其是能够包容污泥浊水、枯枝败叶，可以鱼龙混杂，泥沙俱下。同样，**最伟大、最崇高的人，也一定能够包容一切，尤其是能够包容"最不能容于天下之人"**。因为世界之大，无奇不有。如果只能包容谦谦君子，不能包容卑鄙小人，那就不叫"包容"了。再说了，君子，还需要包容吗？

我想，这应该是《老子》给我们的一个最重要的启示。但我不主张把这个观点，表述为"包容一切"。如果"包容一切"，那么请问，包不包容"不包容"？我是做不到的，江河也做不到。不信你把江河堵起来，看看会怎么样？对不起，发洪水了。

看来，老子这个"正言若反"，背后可能有大文章。有没有呢？有。在哪里？在第四十章，是这样说的：

反者道之动，弱者道之用。

反，有两个意思，一是"相反"，二是"返回"。相反，则相成；相成，则转化；转化，则返回。比方说，"复归于婴儿"（第二十八章）。这就要"唱反调而居弱势"。唱反调，就是道的运动（反者道之动）；居弱势，就是道的运用（弱者道之用）。所以，**人，就应该往低处走，往坏处想**。往低处走，结果是最高；往坏处想，结果是最好。如果还能"受国不祥"，那你就是"天下之王"。这就是老子的基本观点：**最柔弱的最坚强，最卑下的最崇高，最虚空的最实在，最原始的最先进**。这也就是老子的思想方法：**反过来想，反过来说，反过来做，反过来看问题**。总之，反着来，就对；反着来，就行；反着来，就能无往而不胜。

当然，也只有反着来，才能"大"。因为"道"的特点，就是"一大二反"。《老子》第二十五章就说，如果一定给"道"命名，也只能勉勉强强叫它"道"（强字之曰道），或者叫它"大"（强为之名曰大）。因为"道"太伟大了。它是最伟大的婴儿（先天地生），也是最伟大的妈妈（可以为天下母）。所以，它又是最柔弱的。也就是说，**唱反调，就是道的运动；居弱势，就是道的运用；最柔弱，就伟大；反着来，就成功**。

实际上我们去看《老子》一书，其中但凡被称为"大"的，没有一个不是反着的。比如第四十一章的"明道若昧，进道若退"；"上德若谷，大白若辱"；以及同一章的"大方无隅，大器免成，大音希声，大象无形"；还有第四十五章的"大成若缺""大盈若冲""大直若屈，大巧若拙，大辩若讷"等等，都是，也都好理解。

需要说明的，是"大器免成"。这句话，一般的版本都写作"大器晚成"（现在已经变为成语）。长沙马王堆出土的《帛书老子》乙本，写的却是"大器免成"（甲本残缺）。楼宇烈、高明两位先生，认为应该是"免成"，我也这样认为。因为老子这段话，从头到尾都是在唱反调。比方说，方的特点，是"有隅"，但"大方无隅"；音的特点，是"有声"，但"大音希声"；象的特点，是"有形"，但"大象无形"；器的特点，是"要成"。照理说，则"大器"就应该"免成"；晚成，就不对了。晚成，也是"成"么！实际上，按照老子的逻辑和观点，最高级的东西，都不可能是做出来的。你做不出，他也不需要做。黄山是做出来的吗？泰山是做出来的吗？黄河是做出来的吗？长江是做出来的吗？不是。这就是"大器免成"了。所以，在第六十三章，老子就说"圣人终不为大，故能成其大"。也就是说，你反过来，不做，就能大。这在老子那里，就叫"无为"。而"无为"，大约是可以"无不为"的。

这就是老子的境界，也就是老子的追求。

真无为，还是假无为

现在，老子的方法，就讲得差不多了。诸位大约已经看出，老子的思想，是很独特的。跟其他思想、其他智慧，区别也很大。如果比较一下，应该挺有意思。

先说《老子》与《周易》。

先秦书，《老子》和《周易》是哲学意味最浓的。共同点，是都讲阴阳变化。但，《周易》喜欢变，《老子》不喜欢。《周易》认为，世界永远在变，唯一不变的就是变，只有变是不变的。既然如此，就应该主动适应世界的变化，走在世界变化的前列，至少也要做到"与时俱进"。而《老子》，也认为世界总在变。好事会变成坏事，坏事也会变成好事；美会变成丑，丑会变成美。不过在他看来，既然反正要变，我又何必变呢？要知道，"飘风不终朝，骤雨不终日"（《老子》第二十三章），瞎折腾什么呀！更何况，"反者道之动"。现在变过去，下次还得变回来。总之，《周易》的主张，是"唯变不变，那就去变"；《老子》的想法，则是"既然会变，何必去变"。这是《老子》与《周易》的不同。

再说老子与孔子。

老与孔，也不同。**孔子讲中庸，老子唱反调。**孔子的名言，是"文质彬彬，然后君子"。意思是说，修养与质朴，应该旗鼓相当，一家一半，恰如其分。老子的名言，则是"祸兮福之所倚，福兮祸之所伏"。意思是说，祸当中有福，福当中有祸；祸会变成福，福会变成祸。祸一来，福就来了；福一来，祸就来了。因此，祸不是祸，福不是福。星星不是那个星星，月亮也不是那个月亮。可见，孔子讲的中庸，是"你不吃我，我不吃你"，甚至"你让着我，我让着你"；老子唱的反调，是"你不是你，我不是我"，甚至"你才是我，我才是你"。

所以，《周易》是变革的哲学，《老子》是不变的哲学；孔子是中庸的哲学，老子是否定的哲学。这两个，都好讲。

难讲的是庄子与韩非。

表面上看，老子与韩非的区别很明显。**韩非讲矛盾，老子无差**

别。韩非的名言，是"冰炭不同器而久，寒暑不兼时而至"（《韩非子·显学》）。一块冰和一块烧红的炭，能够长期放在一起吗？寒冷的冬天和酷热的夏天，能在同一时刻到来吗？不能。韩非还讲，一个人，不能同时卖矛又卖盾。因为"以子之矛攻子之盾"的结果，不是东风压倒西风，便是西风压倒东风，总有一个要倒霉。这就是"矛盾"一词的来历，它的发明人就是韩非。

老子就不这么讲。老子的说法，前面也讲过，是"唯之与阿，相去几何？善之与恶，相去若何"。是是是，滚滚滚，有区别吗？没区别。善与恶，美与丑，是与非，有区别吗？也没有。为什么？祸当中有福，福当中有祸，它们都是会变的嘛！这就要讲转化，不能讲斗争。可见，韩非的矛盾论，是"你就是你，我就是我"，而且"你压倒我，我压倒你"。老子的辩证法，是"你中有我，我中有你"，而且"你变成我，我变成你"。所以，**韩非是斗争的哲学，老子是转化的哲学**。这是老与韩的区别。

不过这里有问题。什么问题？第一，《周易》在《老子》之前，有区别，不奇怪。孔子是老子的批判对象，不相同，也不奇怪。韩非却是推崇老子的。他甚至可以说是老子思想的继承人之一，怎么差别也这么大？第二，老子思想的继承人，有两个，一个是庄子，一个是韩非。然而韩非与庄子，却天差地别。我在《先秦诸子》一书中讲过，庄子与韩非，是截然相反的两个极端。庄子认为人性本真，韩非认为人性本恶。所以，庄子追求绝对的自由，韩非主张绝对的专制。庄子希望的，是社会的宽容；韩非强调的，则是国家的管制。如此南辕北辙，怎么都是老子的"学生"呢？

奥秘之一，恐怕就在"无为"。也就是说，老、庄、韩，都讲

"无为"。但庄子是**"真无为"**，韩非是**"假无为"**。庄子这一生，宁愿住在穷街陋巷，缺衣少食，不知"明天的早餐在哪里"，也不肯出来做官。别人请他，他还要讽刺别人。他理想的生活，是在一棵硕大的树下睡懒觉，或者在江河湖海自由自在地漂。别人管他叫牛还是叫马，他也不在乎。韩非则不同。他要做谋士，为君主谋，还要设计国家制度。谋不成，就写书，告诉君主们应该这样应该那样，可以说是既出谋划策，又保驾护航。韩非，岂能"无为"？

当然，韩非也讲"无为"。但他讲的"无为"，是"君无为，臣有为；人无为，法有为"。君为什么要"无为"？因为"明君无为于上"，则"群臣竦惧乎下"（《韩非子·主道》）。君主无为，是为了让臣子害怕。何况，君主不做事，不等于别人不做。谁做？天下臣工。这叫"事在四方，要在中央；圣人执要，四方来效"（《韩非子·扬权》）。臣工做事，也不是乱做，得依照制度。这就叫"以法治国，举措而已"（《韩非子·有度》）。君主自己，则阴一手，阳一手。法制写在脸上，权术藏在心里。一只袖子里藏大棒，另一只袖子里藏胡萝卜。这，就是"帝王术"了，跟庄子的"逍遥游"完全是两码事。

问题是，这跟老子有什么关系呢？

关系就在于，老子的无为，也可能是假无为。

有这个问题吗？有。因为有一句话，我们弄不清老子是怎么说的。什么话？无为而无×为。这句话，有两个版本，一个叫"无为而无不为"，一个叫"无为而无以为"。无为而无不为，意思很清楚：啥都不做，啥都做了。这是"假无为"。无为而无以为，意思也清楚：啥都不做，也不想做。这是"真无为"。老子说的，究竟是哪个？不知道。湖北荆门郭店楚墓出土的《简本老子》，是"无为而无不为"。长沙马王堆汉墓出土的《帛书老子》，是"无为而无以为"。这就有点麻烦了。更麻烦的是，老子这话，两个地方都有，一个在第三十八章，一个在第四十八章。可是，《简本》有第四十八章，没有第三十八章。《帛书》刚好相反，有第三十八章，没有第四十八章。这可就怎么都说不清了。

说不清，就只有猜。我的看法，是两句都有，只不过"无为而无不为"在第四十八章，"无为而无以为"在第三十八章。也就是说，**真无为，假无为，都是老子的思想**。因为这两句话，也可以统一。啥都不做，也不想做，却啥都做了。不通吗？也通。

实际上，按照老子的思想方法，任何事物都有正反两面。老子的思想，也应该如此。或者说，**老子的思想，就是一枚硬币。真无为和假无为，是它的两面**。庄子看见了真无为的一面，韩非看到了假无为的一面。更何况，《老子》书中，原本就有"帝王南面之术"，还有兵法或兵道。这些内容被韩非接过来，一点都不奇怪。

可惜，韩非的立场，跟老子却是相反的。老子站在弱者一边。他的主张，可以说是"天择物竞，弱者生存"。韩非则站在强者一边。他的主张，可以说是"天择物竞，强者生存"。弱者才喜欢讲转化。因为他受压迫，被挤对，老在下面，总想咸鱼翻身呀！至少，也得寻找心理安慰。这就得说，小的好，弱的好，卑下的好。高高在上，盛气凌人，不可一世，都不能长久，迟早会倒霉的。强者则喜欢讲斗争。反正，他有的是力量。你循循善诱也好，拐弯抹角也好，据理力争也好，他只用拳头说话。韩非的方法跟老子不同，也不奇怪。

至于老子与庄子的区别，就不讲了。要讲，也只能说**庄子是**
"真无为"，老子是"假无为"，或者既有"真无为"，又有"假无
为"。但这无关紧要。反正，真无为也好，假无为也罢，都对后世产
生了影响。老子的本意，就不重要了。陆游诗云："死后是非谁管
得，满村听说蔡中郎。"（《小舟游近村舍舟步归》）思想家的"死
后是非"，就更没法管。你想嘛，《周易》和《孙子兵法》都跟企业管
理挂钩了，我们又何必那么学究气呢？

　　不过，有为与无为的关系，倒是很有意思。排列组合一下，可
以得出四个选项：以有为求有为，以无为求有为，以无为求无为，
以有为求无为。以有为求有为，是墨子；以无为求有为，是韩非；
以无为求无为，是庄子。那么，以有为求无为，又是谁呢？

　　禅宗。

　　禅宗，也是我们这个系列讲座要讲的，只不过是最后一讲。之
前，要讲一下魏晋风度。为什么要讲魏晋风度呢？因为魏晋风度与
《周易》、老子、庄子，都有关系。而且，从庄子的"以无为求无
为"，到禅宗的"以有为求无为"，魏晋风度是一个中间环节。弄清楚
了魏晋风度，就更能够理解禅宗了。

魏晋的风度

怪异的风度

讲魏晋风度，最深刻、最精彩的，是鲁迅先生的一篇文章，叫《魏晋风度及文章与药及酒之关系》，是先生1927年在广州夏期学术演讲会上的演讲。有了这篇演讲，我们再来讲同一话题，是注定吃力不讨好的。所以今天呢，我得讨点巧，就是鲁迅先生说过的，便不讲或者少讲。没说过的呢，可以发挥一下。这一点，请大家多多原谅！

那么，所谓"魏晋风度"，是一种什么样的风度呢？

怪异的风度。怎样怪异？不妨举例说明。比方说，大家都知道，在东汉末年，建安时期，曹操掌权那会儿，出现了一批优秀的文学家，号称"建安七子"。其中一位，叫王粲。另外，则有孔融、陈琳、徐幹、阮瑀、应场、刘桢。东汉建安二十二年的春天，王粲去世了。按照习俗，一个人去世了以后，总要有一个悼念的仪式，要有一个葬礼。王粲的葬礼，曹丕参加了。当然，这个时候的曹丕，还不是太子。曹丕是建安二十二年十月，才成为魏太子的。但在建安二十二年的春天，他的地位已经非常高了，官居"五官中郎将"，而且"为丞相副"。何况，他还是曹操的儿子。这样一位大人物，来到葬礼的现场，按照我们的想象，总该有一个什么悼词啊，讲话啊，等等。但他说什么呢？他说，大家都知道王粲生前，最喜欢的事情就是听驴叫。现在他走了，我们每个人都学一声驴叫，给他送行吧！于是，追悼会上就是一片驴叫。这个事，现在看来真是匪夷所思。哪有一个相当于副总理的官员，去参加一个作家的追悼会，还学驴叫呢？

而且这个学驴叫的事，后来还又发生了一次。当然，这时已经不是东汉末年，是晋了。去世的名人，则叫王济。王济，字武子，是晋武帝司马炎的女婿，最后官至太仆（部长级，九卿之一）。王济去世以后，几乎所有的名人都来悼念他。最后来的一个朋友，叫孙楚，也是名士。孙楚来了以后，先是大哭了一场，大家也都跟着哭。哭完以后，孙楚就跟逝者说：老兄啊，你生前最喜欢听我学驴叫。今天，我就再学一回吧！于是，他便学了一次驴叫。因为他学得非常像，那些来参加追悼会的朋友，便都笑了起来。孙楚说什么呢？孙楚说：唉！武子啊武子，老天爷是怎么回事啊？居然让这帮人活着，让你死了！

大家或许会说：真有这事吗？瞎编的吧？是不是真有，我不知道。要说瞎编，那也是刘义庆。刘义庆是南朝刘宋的临川王，《世说新语》的作者。上面讲的两个故事，就记录在《世说新语》的《伤逝》篇。这本书，记载了东汉末年到刘宋之初近三百年间的人物故事。魏晋风度，是其中最重要的内容。今天讲的，就大多来自这本书，还有刘孝标作的注。刘孝标的《世说新语注》与裴松之的《三国志注》、郦道元的《水经注》、李善的《文选注》，同为"四大名注"，不可不注意的。

再说一个人，刘伶。刘伶也是魏晋风度的代表人物之一。前面说了，王粲是属于"建安七子"的。这时，还要算是汉。刘伶则是"竹林七贤"之一。也是七个人，嵇康、阮籍、山涛、向秀、刘伶、阮咸、王戎。这时，是魏。刘伶这个人，长得不咋的。《晋书·刘伶传》的描述，是"身长六尺，容貌甚陋"。跟诸葛亮的"身长八尺，容貌甚伟"（《三国志·诸葛亮传》），刚好相反。所以，诸葛亮是标准的帅哥，刘伶则是典型的丑男。丑男而为名士，在"以貌取人"的汉末魏晋，并不太多。

刘伶这个人，喜欢喝酒。他的代表作，就叫作《酒德颂》。《晋书·刘伶传》说，他最喜欢做的事，是坐一辆鹿车，车上装着酒，到处乱走，走到哪儿喝到哪儿。这还不算离谱。更离谱的，是他让一个工人，扛把铁锨，跟在后面，道是"死便埋我"。有一次，这位老兄喝醉了酒，跟人家吵起来了。吵着吵着，就要动手。等到对方卷起袖子来的时候，刘伶却说，您那尊贵的拳头，放我这鸡肋骨上，委屈了吧（鸡肋不足以安尊拳）！人家一笑，就不打了。看来，刘伶长得虽然难看，性格倒是可爱。搁在今天，没准有美眉喜欢。

可是他夫人受不了。他夫人说，你这样喝下去，是不行的，你把酒戒了吧！刘伶说，我这个人，意志比较薄弱。依靠我个人的力量，这个酒可戒不了。要不这样吧，你准备一些酒肉，我来拜神，请神帮我戒了。他老婆说行，就备了些酒肉，供在神龛下面。刘伶就跪下来说：老天爷生了刘伶，酒就是他的性命（天生刘伶，以酒为名）；一次喝一大杯，只有酒能解醒（一饮一斛，五斗解酲）；女人的话，怎么能听（妇人之言，慎莫可听）！又把敬神的酒给喝了。这事《晋书·刘伶传》和《世说新语·任诞》，都有记载。

最离谱的一件事，是他喝醉了酒，会一丝不挂坐在家里。他的朋友责备他，他却说，天地就是我的房屋，房屋就是我的衣服，你们为什么要走进我裤子里来（《世说新语·任诞》）？这也是非常典型的魏晋风度。

第三个例子，讲东晋有一位大将军，叫桓温。桓温很能打仗，也是一个野心家。公元347年，他带领东晋的军队，把盘踞在蜀地的一个小政权叫成汉国的，给灭了。成汉国的皇帝叫李势。桓温灭了成汉以后，就把李势的妹妹纳为小妾。李势的妹妹非常漂亮，桓温也非常宠爱她，把她藏在自己的书房里。这事在当时，也算稀松平常。可惜，桓温的夫人却非同一般，是东晋明帝的女儿，叫南康长公主。公主怎么能够容忍自己的丈夫纳小妾呢？知道以后，勃然大怒，带着自己的婢女，拿着刀就冲进去了，要杀了这小妖精。公主冲进去的时候，李势的妹妹正在梳头（据《世说新语·贤媛》和刘孝标的注，李势妹妹的头发非常长，一直拖到地上。皮肤呢，像玉一样），看见公主冲进来，还是不紧不慢继续梳头，头发梳好，盘起来，这才起身，向公主道了一个万福。然后，"神色闲正"地说了一段"辞甚凄惋"的话。她说，我的国家被你丈夫灭了，我的家庭也被你们毁了。我根本就没有心思要什么荣华富贵，当什么大将军的小妾！如果公主今天肯开杀戒，那就是成全我了（**国破家亡，无心至此，今日若能见杀，乃是本怀**）。这下子公主感动了。她把刀往地下一扔，冲过去抱着李势的妹妹说，好孩子，你实在是太漂亮了，你实在是太可爱了，连我看见你都心疼，何况我们家那个老色鬼呢？他哪儿扛得住啊（**阿子，我见汝亦怜，何况老奴**）！从此，公主对李势的妹妹非常之好。这也是不可思议的事。

还有两件事情，也很搞笑。第一件，是王浑的故事。当时叫王浑的，有两个人。一个是大名士王济的父亲，一个是大名士王戎的父亲。这里讲的，是王济的父亲。王济，前面刚刚讲过，就是晋武帝那个喜欢听朋友学驴叫的女婿，《世说新语》里面有很多他的故事。他父亲这故事，在《排调》。说是有一天，王浑跟他夫人两个人坐着，看见他们的儿子王济从院子里走过。王浑就对他夫人说，能生这样一个儿子，这辈子够本了！他夫人说，哼，这也就是嫁给了你。要是嫁给你弟弟王沦，我生个儿子比这还棒！

另一件事，也是生儿子。记载这事的，也是《世说新语·排调》。生儿子的，则是晋元帝司马睿。皇帝生儿子是大事啊！皇家后继有人了嘛！于是晋元帝就大宴群臣，庆祝。朝廷的官员，也都给封赏。这时，有个官员叫殷羡的，就站起来说，陛下诞育皇子，普天同庆，臣等深感喜悦。只不过陛下赏赐这么多，臣等无功受禄，很惭愧啊！晋元帝说，你惭愧什么！朕生儿子的事情，还能有你的功劳？

这就是所谓"魏晋风度"了。挺好玩的，是吧？不过，如果只是好玩，就用不着放在"中国人的智慧"这个系列里面讲了。实际上，刚才讲的这些故事，这些人，也并不都怪异。真正怪异的，只有一个刘伶。学驴叫的两个故事，其实可以叫作"洒脱"。生儿子的，可以叫"风趣"。南康长公主，则可以叫"豁达"。当然，怪异的也还有。鲁迅先生讲过一些，后面我也会再讲一些。不过这并不重要。重要的是，这些看似荒诞或者匪夷所思的故事，其实体现了一种价值观，一种崇尚和追求，那就是：**真性情，高智商，美仪容**。

下面就逐一说来。

真性情

先讲"真性情",也有几个例子。

第一个,王珣哭谢安。王珣,是王导的孙子。王导,是东晋王朝实际上的创立者。东晋第一个皇帝晋元帝司马睿,就是靠着王导,才登上帝位,坐稳江山的。所以,王导是东晋第一个执政者。王导之后,是前面说过的桓温。桓温之后,就是谢安。谢安也是一个了不得的人物。有句成语,叫"东山再起",讲的就是他。因为他曾经辞官隐居在会稽东山,公元373年才又应召出山,后来担任宰相。谢安东山再起之后,名垂史册的一件事,就是打赢了"淝水之战"。因此,王导的王家,谢安的谢家,要算东晋士族中最有权势的两个。所谓"旧时王谢堂前燕,飞入寻常百姓家"(刘禹锡《乌衣巷》),说的就是他们。

这样两个东晋最牛的家族,关系当然也非同一般。比如王导的孙子王珣兄弟,便都是谢家的女婿。可是后来,两家因为婚姻问题,闹得不和,翻脸了。但是,谢安去世以后,王珣还是去哭丧。走到谢家门口,看门的就把他挡住了,说我家老爷生前在世的时候,没见过你这客人。王珣把他手一拨,直接走进去,痛哭一场,然后走了。按照当时丧礼的规则,你去哭丧以后,应该还要慰问一下家属。就像我们现在开追悼会,向遗体告别,也是先三鞠躬,鞠躬完了,还要跟站在旁边的家属握个手。但是,王珣却不跟谢安的儿子谢琰握手。这叫什么?这叫"该哭就哭"。(事见《世说新语·伤逝》)

第二个,何充顶王敦。王敦,是王导的叔伯哥哥。这也是个大将军，也是个野心家。王敦的哥哥王含在庐江做郡守，贪污腐败，声名狼藉。王敦要替他哥说话，就故意在一次集会上说，家兄在庐江，老百姓都说很好啊！这时，王敦手下有个叫何充的人却说，我就是庐江人，我听到的情况刚好相反。王敦是什么人？皇帝都要让三分的人。何充是什么人？王敦亲手提拔的人。但是，尽管明明知道会得罪人，何充还是直言不讳。这叫什么？这叫"该顶就顶"。（事见《世说新语·方正》）

第三个，罗友吃桓温。罗友是个诗人。有一天他去找桓温，说有些问题想请教。桓温就请他进来，坐下，谈话，吃饭。吃完饭，罗友就起身告辞。桓温说，你不是有问题吗？怎么不问就走了呢？罗友说，不好意思！是这样，我这辈子没有吃过白羊肉，这才冒昧登门造访。现在我已经吃了，其实没问题问，再见！然后就十分坦然地走了。这叫什么？这叫"该吃就吃"。（事见《世说新语·任诞》）

还有一件事情，挺有名的，牵涉到魏时的两位名士，一个叫嵇康，一个叫钟会。这两个，在当时的名士圈里面，也都是"大哥大"级的人物。

嵇康，前面说过了，是"竹林七贤"之一。而且在我看来，还可以算是"竹林七贤"的老大。当然，所谓"竹林七贤"，只是一个松散的朋友圈子，不是什么组织。但嵇康，可以说是他们的灵魂。据《晋书·嵇康传》，此公"身长七尺八寸，美词气，有风仪"。穿着虽然简朴随意（**土木形骸，不自藻饰**），但看见他的人，都说他"龙章凤姿"，是个极有风度、风采的人物。钟会呢，则是魏朝开国元勋钟繇的小儿子，从小就聪慧过人，饱读诗书。他先后辅佐过司马师、司马昭，是司马家族的心腹。后来司马昭灭蜀汉，他是统兵将领之一。了解了这些情况，我们就会明白，他们两个人的不愉快，是一件多么严重的事情。

钟会和嵇康，怎么会不愉快呢？大约钟会对嵇康，起初是很仰慕的。不但仰慕，还有些畏惧。《世说新语·文学》说，钟会曾经撰写了一部哲学著作，叫《四本论》，很想让嵇康看看。但是，他又怕嵇康看过以后，提出问题，自己答不上来。所以，他到了嵇康家门口，始终不敢把书从怀里掏出来。犹豫再三，最后咬咬牙，隔着墙，扔了进去，然后掉头就跑（**于户外遥掷，便回急走**）。这个记载如果可靠，那么，钟会对嵇康，是又敬又畏的。

当然，钟会后来还是去见嵇康了。见嵇康的时候，钟会的地位应该已经非常高了。据《晋书·嵇康传》《世说新语·简傲》以及刘孝标的注，当时钟会带了一大帮朋友，前呼后拥，冠盖如云，浩浩荡荡地，就来到了嵇康的家里面。嵇康在干什么？在打铁。嵇康最喜欢做的一件事情，就是打铁。嵇康家院子里，有一棵大柳树。一旦有了兴致，他就在这树下"锻铁"。不过，嵇康的打铁，恐怕不是为了谋生，因为并不收费。亲朋好友拎只鸡、拎壶酒来，则欣然接受，边吃边聊，坐而论道。所以，嵇康的打铁，在我看来是"玩酷"。

这其实也是东汉末年和魏晋时期的一种时尚。当时的社会风尚，是上层社会的人，喜欢穿平民的衣服，做些体力劳动。比如周瑜的"羽扇纶巾"就是。因为按照当时的制度，贵族，有身份的人，应该穿丝绸、戴帽子；平民，则穿布衣、戴头巾。以周瑜的身份而羽扇纶巾，那就像美国总统穿牛仔裤，是玩酷了。同样，刘备的编草鞋，也是。在早年，还可能是因为生活困难。成为豫州牧以后还编草鞋，就是雅事。其实雅与俗，也是可以转化的。有些很俗的事，很可能变得很雅。事实上，按照前面说过的老子的思想方法，大俗即大雅。附庸风雅，反倒俗不可耐。总之，周瑜的戴头巾，刘备的编草鞋，嵇康的打铁，都是雅。

嵇康在那儿打铁，帮他拉风箱的是向秀。向秀也是"竹林七贤"之一，同时又是大学问家，大哲学家，给《庄子》作过注的。钟会来了以后，嵇康"扬槌不辍，傍（旁）若无人"，向秀也不理他。钟会就在旁边看着，看了一阵子也没人搭理他，只好走了。这时，嵇康才开口说话。嵇康说，听到什么你来了，看见什么你走了（何所闻而来，何所见而去）？钟会说，听到了听到的我来了，看见了看见的我走了（闻所闻而来，见所见而去）。

这当然很不愉快。那么，嵇康为什么要这样对待钟会呢？人家毕竟是慕名而来，岂能拒人于千里之外？不礼貌吧！

也有三种可能。第一，钟会是司马昭的红人和心腹，嵇康却是向着曹氏的。司马昭之心，路人皆知，嵇康也知。他当然不愿意与司马昭的走狗来往。第二，嵇康是瞧不起权贵的，也不喜欢摆谱。然而钟会来看他的时候，却"乘肥衣轻，宾从如云"。用今天的话说，就是开着靓车，穿着名牌，带了一大群马仔。这在钟会，或许是以示隆重；在嵇康，却认为是故意炫耀。第三，嵇康怀疑钟会是探子，是来替司马昭搜集情报的，所以问他"何所闻而来，何所见而去"。钟会回答"闻所闻而来，见所见而去"，倒也像小人得志的克格勃。

总之，嵇康不待见钟会的真正原因，只有嵇康自己知道，我们是不能确定的了。反正，钟会很生气，后果很严重。回去以后，就向司马昭打小报告，说嵇康这人是"卧龙"，不可久留。司马昭呢，原本也有些讨厌嵇康。因为嵇康一直拒绝到朝中做官，也就是对司马集团持"不合作态度"。不合作也罢了，他还说了很多难听的话，我们后面还要讲到。于是，通过钟会的努力，嵇康被杀了。

嵇康的死，在当时极为轰动。据《晋书·嵇康传》，嵇康判处死刑以后，有三千太学生提出要拜他为师，不被朝廷批准。临刑时，嵇康"顾视日影"，看看时辰将到，就让人把琴拿来，在刑场演奏了一曲《广陵散》。演奏完毕，嵇康说，《广陵散》成为绝响了！然后从容就刑，时年四十岁。海内士人，无不痛心。

嵇康的这个结局，他自己想到过吗？恐怕是想到过的。因为魏晋是中国历史上一个动乱的时代，一个社会和政治非常黑暗的时代，经常就会有人非正常死亡。当时的很多名人、名士，从孔融开始，祢衡啊，何晏啊，等等，都是被当权者胡乱找个理由，甚至不要理由，就杀掉的。孔融是曹操杀的，祢衡是黄祖杀的，何晏是司马懿杀的。顺便说一句，何晏也是个人物。他是汉灵帝时大将军何进的孙子，曹操的养子兼女婿，也是哲学家，精通老庄哲学，写过《论语集解》。这三个人被杀，主要是政治原因。但他们个性张扬，恐怕也是原因之一。反正，在那个时代，当权者如果看你不顺眼，你就得死。

这样看来，嵇康就多少是因为自己的任性，或者说，为了自己的真性情而死了。**为了真性情，不惜牺牲生命**，这是魏晋风度的一个闪光点。

高智商

再说"高智商"。

魏晋,是一个崇尚智慧的时代。在这个时代,智商低的人,是吃不开的。相反,如果智商特高,能言善辩,反应敏捷,就会受到追捧,成为人物,比如殷浩。殷浩是东晋的大名士,当过中军将军和扬州刺史,所以又称"殷中军"或者"殷扬州"。此人精通哲学,喜欢《周易》和《老子》,善于玄谈。就连丞相王导,都很佩服他。《世说新语·文学》说,殷浩还在地方上做小官的时候,有一次从荆州到了京城。王导便为他举行集会,还亲自解下挂在帐带上的麈尾,要跟他讨论玄学问题。麈(读如主),是一种野兽,长得像鹿,但个头比鹿大。它的尾巴,可以用来做拂尘。这种拂尘,就叫"麈尾"。魏晋时期名士玄谈,喜欢拿着这麈尾指点比画。说到激动精彩处,挥洒不停。这种谈话,就叫"麈谈"。

王导解下麈尾,跟殷浩玄谈,自然是"棋逢对手"。旁听的,也都是当时的人物。比如前面说过的"泡小妞"的桓温,还有谢尚、王濛、王述。谢尚,字仁祖,是谢鲲的儿子。谢鲲,也是喜欢《周易》和《老子》的,还精通音乐。谢尚,则从小是个神童。《世说新语·言语》说,谢尚八岁时,就参加大人们的讨论会。大人夸他是"一坐之颜回",他却说,这里又没有孔子,哪来的颜回?所以,谢尚也是个高智商的。

这一次,王导跟殷浩谈了些什么,不得而知。但桓温的评价,却很有意思。王导跟殷浩,是一直谈到半夜的。桓温他们,也一直听到半夜。第二天早晨,桓温对人说:昨天晚上,听殷、王二位玄谈，真是妙不可言！仁祖（谢尚）听得津津有味，我也时有领悟。回头再看那两个姓王的小官（王濛、王述），光知道眨眼睛，就像两只活母狗。

其实王濛和王述，也不是很差的人。很差，王导就不会喊他俩来了。王述，我们后面再说，这里先说王濛。说王濛，又不能不说刘惔（读如谈）。他们两个，是形影不离的好朋友，也是当时的大名士。《世说新语》里面，有许多他们的故事。评价，也不低。比如大名士孙绰，就对简文帝说，刘惔"清蔚简令"，王濛"温润恬和"，桓温"高爽迈出"，谢尚"清易令达"（《世说新语·品藻》）。难怪王导会把桓温、谢尚、王濛，都喊来旁听了。

可惜，王濛和刘惔，水平、修养、人品，大约都还算不上第一流。所以，如果碰到一流高手、高人，又要去挑战，就会自讨没趣。比如《世说新语·文学》说，当时有一位大佛学家，法号支道林。支道林住在东安寺的时候，王濛曾经去跟他玄谈，总是不得要领。后来有一天，王濛精心准备了几百字，自以为逻辑严密，文采斐然，堪称"名理奇藻"。谁知道支道林却不紧不慢地说，贫僧与先生阔别多年，先生的义理和言辞，怎么一点进步都没有？结果王濛"大惭而退"。

这是王濛自己碰钉子。跟刘惔一起碰钉子，则有两次。一次是在何充那里。何充，前面说过，就是敢于顶撞王敦的那个小官。不过，何充的官，后来越做越大，一直做到宰相。何充做骠骑将军的时候，王濛和刘惔曾经拉了支道林一起去见他。何充却不予理睬，只顾低头看公文。王濛就急了，说我们今天特地约了林公，一起来看将军。将军应该放下俗务，跟我等高谈阔论啊！何充说，我不看

公文，诸位岂能存活？（《世说新语·政事》）

另一次碰钉子，是在蔡谟那里。蔡谟，也是个博学之人，后来官也做得很大。可是王濛和刘惔瞧不起他。有一次，他俩跑到蔡谟家去做客。谈着谈着，就开始挑衅。王濛和刘惔问蔡谟：你自己觉得，跟王夷甫比，怎么样？王夷甫就是王衍，"竹林七贤"之一王戎的堂弟。王戎和王衍，都是大名士，官也做得很大。王戎做到司徒，王衍做到太尉。王濛和刘惔要蔡谟拿自己跟王衍比，明摆着就是挑衅。于是蔡谟说，我不如他。王濛和刘惔就得意了，交换一下眼色，又问：什么地方不如他呢？蔡谟不慌不忙地说，他那儿就没有你们这样的客人呀！（《世说新语·排调》）

这就是搬起石头砸自己的脚了。当然，王濛和刘惔挑衅蔡谟，可能另有原因，那就是王导讨厌蔡谟。王导又为什么讨厌蔡谟呢？因为蔡谟老挖苦他。王导这个人，最怕老婆，又最爱泡妞。结果自然很糟糕。有一次，王导的老婆曹夫人带着随从，拎着刀子，到王导藏娇的金屋来算账。王导左手抓车栏，右手抓麈尾，驾着牛车狼狈逃窜。事后，蔡谟跑去跟王导说，朝廷要嘉奖王公了，王公您知道不？王导信以为真，赶忙谦虚了一番。蔡谟又说，奖品不多，也就是短辕的牛车，长柄的麈尾。王导这才知道蔡谟是讽刺他。（《世说新语·轻诋》）

还有一件事情，也让王导不高兴。王导有个宠妾，姓雷，常常干预政事，收受贿赂，蔡谟就管她叫"雷尚书"（《世说新语·惑溺》）。蔡谟这样挖苦王导，王导当然讨厌他。王濛和刘惔，或者为了讨好王导，或者为了替他出气，就去挑衅蔡谟，也有可能。但这纯粹属于瞎猜。因为我们根本就不清楚这几件事情，谁先谁后。再说这也并不重要。在魏晋时期，名士之间的挑战，是常有的事。所以，谁挑战谁，为了什么，都不要紧。要紧的，是提问和回答，有没有智慧，有没有水平，有没有技术含量。像王濛和刘惔这样，就只会落下笑柄。

相反，如果回答巧妙，有智慧，则会传为美谈。比如有人问殷浩：为什么一个人升官之前总会梦见棺材，发财之前总会梦见大便？殷浩说，因为"官本是臭腐"，"财本是粪土"嘛！这就大受称赞。（《世说新语·文学》）

又比如，东晋庾亮的伯父写了一篇《意赋》，庾亮就去问他：伯父您自己，究竟是有意呢，还是无意？有意，恐赋不能尽；无意，则何必有赋？他伯父的回答也很妙，是"正在有意无意之间"。（《世说新语·文学》）

再比如，有个叫阮脩的人，是不信鬼神的。那些信鬼的就跟他说，我们都见过鬼，戴什么帽子，穿什么衣服，等等。阮脩说，那就不对了。就算人死了会变鬼，难道他那衣服也跟着死了，也变鬼？（《世说新语·方正》）这都是很机智的一些回答。

所以，听魏晋名士谈话，是既有趣，又紧张。《世说新语·文学》说，有一次，谢尚去听殷浩玄谈。听到最后怎么样呢？汗流满面。这时，殷浩就淡然地说，来啊，拿条毛巾，给谢郎擦擦脸吧！前面说过，谢尚其实是个高智商的，而且只比殷浩小三岁，尚且如此，那些低智商的，就恐怕连听的资格都没有。玄谈，已成为魏晋名士的"智力大比拼"。

在这样的一种风气下，就涌现出许多早慧的儿童，比如孔融。孔融十岁的时候，曾不请自到地跑到大名士李膺家去赴宴，自称是世交。李膺就问，你我素不相识，怎么是世交呢？孔融说，怎么不是呢？我家祖先是孔子，你家祖先是老子嘛！于是大家都说，这小孩真是太聪明了！但也有个叫陈韪的人泼冷水，说小时候聪明伶俐，大了倒未必就好（**小时了了，大未必佳**）。孔融马上说，您老人家小时候一定优秀。（《世说新语·言语》）

还有一个小孩，姓杨，九岁。有一天，他们家来了一位姓孔的客人，家里人用水果招待他。姓孔的客人拿起杨梅，跟小孩开玩笑说，这是你们杨家的果子啊！这个九岁的小孩马上说，没听说过孔雀是你们孔家的鸡。（《世说新语·言语》）

皇帝当中，也有早慧的。《世说新语·夙慧》说，东晋元帝时，有一天，有人从长安来。晋元帝向来人询问洛阳的情况。说着，说着，就潸然泪下。当时，晋明帝司马绍还只有几岁大，正好坐晋元帝的腿上，便问父亲为什么要哭。元帝就把西晋灭亡、王室东渡的事，都跟他说了。然后问他，儿啊，你说是长安远，还是太阳远？明帝说，太阳远。因为有人从长安来，没听说有人从太阳那里来。元帝大为诧异。第二天上朝的时候，就当着群臣的面，把这故事讲了一遍。然后又问明帝：儿啊，长安远还是太阳远？明帝说，长安远。晋元帝的脸色就变了，说你这孩子怎么一天一变？晋明帝说，因为太阳我看得见，长安我看不见。

这个故事，是真是假，我很怀疑。因为所谓"举头见日，不见长安"，其实是有政治含义的。在朝廷上说，就更是意味深长。不过，魏晋崇尚智慧，却是事实。事实上，**魏晋是我们民族历史上智力大开发、智慧大闪光的时代。它在中国思想文化史上的地位，我认为是仅次于春秋战国的。**

美仪容

再说"美仪容"。

喜欢漂亮，跟崇尚智慧一样，也是那个时代的风尚。从汉末到魏晋，都如此。我在中央台讲《品三国》，说诸葛亮是帅哥，周瑜、孙策是帅哥，遭到一些人的批评。为什么批评？他认为这是"以貌取人"。讲这些英雄人物，你应该讲他的内心世界啊，英雄业绩啊，民族大义啊，等等。怎么能讲他长得漂亮呢？你这是什么导向？

这些批评我的人，不懂历史。他们不知道，一个时代有一个时代的风尚。我讲历史，首先要尊重史实。你同不同意这种价值观，是另外一回事。但倘若风气如此，你不能避讳。比如西晋有位诗人作家，叫潘岳，可能是当时的头号美男子。还有一位诗人作家，叫左思，则奇丑无比。他们两个的"待遇"，就天差地别。《世说新语·容止》说，潘岳年轻的时候，在洛阳，喜欢拿着弹弓出去玩。他一出门，城里的女人，老老少少，全都出来了，手牵着手围着他看。左思见了很羡慕，也拿一个弹弓出来玩，结果所有的女人都冲他吐口水。这事《晋书·潘岳传》有另一个版本，主人公则是潘岳和张载。张载，也是长相"甚丑"。因此，潘岳坐车出去玩，女人们都来送水果；张载坐车出去玩，男孩子都向他扔石头。结果，潘岳空着车子出去，一车水果回来。张载空着车子出去，一车石头回来。

由此可见，那个时代的风尚，就是"以貌取人"。这种风气，曾经弄得曹操很尴尬。我一直认为，曹操不肯称皇帝，形象不好是原因之一。当然，不是全部原因，也不是主要原因，更不是根本原因，但多少起了点作用。因为在那个时代，形象很重要。一个人的长相，甚至可以决定他的成败荣辱。比方说，立储。按照礼法，应该立嫡长子。但袁绍的选择，却是小儿子袁尚。原因就是，袁尚"貌美"（《三国志·袁绍传》）。再比如孙策，帅哥一个。后来受了伤，脸被划破。孙策就说，我的脸都变成这副样子了，还能再建功立业吗（面如此，尚可复建功立事乎）？于是大吼一声，创口破裂而死（《三国志·孙策传》裴松之注引《吴历》）。所以，形象太差的人，要想夺了人家的位子自己当皇帝，是不太容易服众的。

曹操长得不好吗？恐怕是。陈寿的《三国志》，对那些主要人物，不少都有外貌的描述。比如袁绍，是"有姿貌威容"；刘备，是"身长七尺五寸，垂手下膝，顾自见其耳"；诸葛亮，是"身长八尺，容貌甚伟"；刘表，是"长八尺余，姿貌甚伟"；孙权，是"形貌奇伟，骨体不恒，有大贵之表"；周瑜，是"长壮有姿貌"等等。唯独对于曹操这个一号传主，相貌如何，一个字都没有。要知道，曹操是魏武帝啊！这样重要的一个人物，如果也像袁绍、刘表、诸葛亮、周瑜一样，高大魁梧，一表人才，肯定要大书特书，对不对？为什么不写呢？实在说不出口。可见，曹操的个子一定不高，长得也不咋的。但他是开国皇帝呀！总不能像写刘伶一样，说什么"身长六尺，容貌甚陋"吧？不能这样写，又不能编谎，只好不写。

何况还有旁证材料。《世说新语·容止》第一条，记录了一件事情，很能说明问题。什么事？就是曹操当了魏王之后，有一次匈奴派了一个使节来。曹操觉得自己个子太矮，又不好看（自以形陋），恐怕镇不住那匈奴人（不足雄远国），就让崔琰做替身。崔琰也是当时的名士，人很漂亮，个子也高，说话中气十足，声如洪钟。刘孝标注引《魏志》的说法，是"声姿高畅，眉目疏朗，须长四尺，甚有威重"，气质棒极了。于是曹操就把崔琰请出来，穿上魏王的衣服，坐在榻上假扮魏王。榻，当时叫"床"。他自己，则扮成一个卫士，拿了把刀，站在"床头"。接见完毕，曹操就派特工去问匈奴的代表，说今天感觉如何啊？匈奴代表说，魏王（他指的是崔琰）"雅望非常"啊！但是呢，他旁边站的那个"捉刀人"，才是真英雄。曹操听说以后，马上派人把匈奴的使节杀了。

这就可以说明两点。第一点，曹操确实形象不佳，连他自己都自惭形秽。第二，长相外貌固然重要，精神气质就更重要。所以匈奴的使节说，床头捉刀人，才是真英雄。

实际上，刘孝标注引《魏氏春秋》，就说曹操"姿貌短小，而神明英发"。这是完全可能的。像曹操这样的人，不管长什么样，都一定是霸气十足，不怒而威，能在自己的周围形成一个强大的气场，让你不知不觉地被他所控制。这，其实也是一种风度。

当然，曹操的风度，严格地说，是"帝王气象"。所谓"魏晋风度"，则主要是"名士派头"。作为魏晋名士，第一还是要漂亮。怎样漂亮？漂亮到什么程度？当时有许多比喻。用得最多的，是"玉"。比如西晋名士卫玠，就被称为"璧人"。据《世说新语·容止》以及刘孝标的注，当时卫玠只要一出门，则"观者如堵墙"。其风头之健，绝不亚于今天的影视明星。看见他的人，都说谁家会有这么漂亮，像璧玉一样的人儿啊！甚至就连他的舅舅，也就是前面说过，被其父亲引以为豪的那个王济，见了卫玠，也说"珠玉在侧，觉我形秽"。可惜，这位"璧人"身体太差，不经看。没看多久，就生病死了。当时的人，便又都说他是被看死的（时人谓看杀卫玠）。魏晋风尚，由此又可见一斑。

被称为或看作"玉人"的，还有好几个。一个是与"竹林七贤"同时的裴楷。此人"有俊容仪"，哪怕衣冠不整，布衣草鞋，蓬头垢面，也好看，大家都管他叫"玉人"。人们甚至说，看见裴楷，就像"玉山上行，光映照人"。还有一个，就是王夷甫，也就是王戎的堂弟王衍。此人的特点，是"容貌整丽，妙于谈玄"。手上时常拿一只白玉柄的麈尾，那玉柄跟他的手简直没有区别。大将军王敦甚至说，王衍如果跟众人在一起，那就像"珠玉在瓦石间"。所以，王濛和刘惔要蔡谟拿自己跟王衍比，确实是不怀好意。另外，魏的夏侯玄，也是一个漂亮人物。魏明帝曹叡曾经把他跟毛皇后的弟弟毛曾，都任命为黄门侍郎，坐在一起，结果被称为"蒹葭倚玉树"。蒹葭，就是芦苇。没长穗的叫蒹，刚长出的叫葭。可见，一个人，如果不漂亮，没有风度风采，哪怕是皇亲国戚，也吃不开。

的确，魏晋是一个极其爱美的时代。那个时候的人，不仅爱美，而且"爱憎分明"。对那些不怎么样又缺乏自知之明的，他们毫不客气地讽刺挖苦。对所谓"漂亮人物"，则不吝溢美之词。比如，简文帝司马昱，就被誉为"轩轩如朝霞举"；王濛的孙子王恭，则被誉为"濯濯如春月柳"。轩轩，高扬飞举的意思；濯濯，明亮清朗的意思。一个气宇轩昂，有如日边朝霞；一个风姿绰约，有如月下春柳。这可真是漂亮极了。

其实王恭的爷爷王濛，也是个漂亮人物。漂亮得连他自己，也忍不住要自我表扬。他常常拿着一面镜子看自己，怎么都看不够，还叫着父亲的字说，王文开呀王文开，你咋生了这么漂亮的一个儿子呢（王文开那生如馨儿）？这倒不是王濛自作多情，当时的人也夸他，说是此人简直就是神仙（此不复似世中人）。

不过，王濛再漂亮，也比不上杜乂（杜弘治）。蔡谟就讲，你们都说王濛漂亮，那是因为没见过杜弘治。当然，前面说过，蔡谟跟王濛是"冤家"，可能会贬低王濛。但杜乂漂亮，则恐怕是事实。因为王羲之就说杜乂"面如凝脂，眼如点漆，此神仙中人"。王羲之是艺术家，眼力应该不错。何况他自己，也是"飘如游云，矫若惊龙"，风采极佳的。

应该说，到了王羲之这个份儿上，所谓"美"，就不仅是外形的漂亮，更是气质的高贵了。实际上，所谓"美仪容"，原本就包括了内在修养和人格魅力。比如嵇康，就是这样的人物。有人曾经对同为"竹林七贤"的王戎说，嵇康的儿子嵇绍真是"卓卓如野鹤之在鸡群"（鹤立鸡群这个成语就从这里来）。王戎立马便说，那是因为你没见过他爸！

那么，嵇康又是什么样子？他的朋友、同为"竹林七贤"的山涛，曾经有一个描述，叫"嵇叔夜之为人也，岩岩若孤松之独立；其醉也，傀俄若玉山之将崩"。岩岩，就是高大的样子。傀俄，就是倾颓的样子。这就是说，嵇康呀，他平时站在那里，就像一棵孤独的松树；喝醉了酒，则像碧玉堆成的一座山，马上就要"哗"地塌下来。孤松独立，玉山将崩，请大家想想，这是一种怎样的形象？（以上均见《世说新语·容止》及注）

这样的人物品评，在中国历史上也算空前绝后了。事实上，**美仪容的魏晋风度，是中国人智慧艺术化和人间化的一个里程碑**。它的意义，我们后面还要讲到。

风采与雅量

以上，就是魏晋时期的三大崇尚。

那么，真性情、高智商、美仪容，这三个，哪个最重要？首先，是真性情；其次，是高智商；再次，是美仪容。也就是说，你没有美仪容，也得有高智商；两个都没有，至少也得有真性情。比如刘伶，就是虽无美仪容，却有真性情。王述，则是虽无高智商，却有真性情。只要有真性情，就能得到好评，得到肯定，受到尊重。

就说王述，前面提到过，就是参加王导跟殷浩的玄谈，被桓温说成"光知道眨眼睛，就像活母狗"的两人之一。另一个，则是刚刚讲到的王濛。其实王濛和王述，是两种人。王濛的特点是"美仪容"，王述的特点是"真性情"。丞相王导看他是东海太守王承的儿子，就让他做了一个属官，叫"掾"（读如院）。可是，他却不拍王导的马屁。当时，王导是政界老大。开会的时候，王导一发言，大家都点头称是，一片叫好。王述官小，坐在最后面，却毫不客气地批评说，丞相又不是尧、舜，哪能句句都对，事事都好？（《世说新语·赏誉》）

后来，王述被任命为尚书令，这是大官。王述接到任命，马上就职。这时有人劝他，说应该让给谁谁谁。王述问，你看我合格吗？那人说，怎么不合格？当然合格了。但是，谦让是美德呀，总要走个过场的。王述就说，既然合格，为什么要让？（《世说新语·方正》）

王述这种直肠子性格，使他在当时就享有"痴名"，连他女婿都这么说。王述的女婿叫谢万，是谢安的弟弟。此人说得好听，也是性情中人；说得难听，则是个没脑子的。他带兵打仗，从来不知道抚慰将士。他哥哥谢安就劝他说，你是元帅，应该经常请将领们吃饭，联络感情。谢万就摆了宴席，然后大大咧咧地用如意指着将领们说，诸位都是精壮的好兵。结果将领们恨死了他。如果不是看在谢安的面子上，战败之后，诸将原本是要杀了他的。

谢万这样一个愣头青，做了王述这个直肠子的女婿，就好玩了。王述当扬州刺史的时候，谢万曾冲到刺史的堂上，直截了当对王述说，大家都说您老人家傻，我看您老人家是自己傻，真傻。王述说，是有这种议论，可惜这好名声来得太晚了。（以上均见《世说新语·简傲》）

这就太可爱了。所以简文帝说，王述这人，虽然才华不多，也不要求进步，但就凭他那一点真诚直率，便超过别人许多。（《世说新语·赏誉》）

然而，王述还是很难成为一流人物。为什么呢？缺少风采。他这个人，性急。只要一着急，就顾不上风度了。有一次，他吃煮鸡蛋。先用筷子戳，没戳到，就气得把鸡蛋扔在地上。鸡蛋掉下去，团团转，他又气得用脚踩，又没踩到。最后，他愤怒至极，把鸡蛋捡起来，塞进嘴里，咬碎了再吐出来。这就太没风度了，所以王羲之也笑他，说这就实在没法表扬。

不过，王述虽然性急，却有雅量。有一个人，比他性子还急，为了一点事情，跑到他那里破口大骂。王述神情端庄地面对墙壁，一动不动，随他骂。过了老半天，没声音了，这才回过头来问手下人，那人走了没有。手下人说走了，这才坐下。所以，当时的人，

又都称赞王述虽然性急，却能包容。（《世说新语·忿狷》）

从这里我们就能看出，魏晋风度，其实还包括**风采和雅量**。**风采与仪容有关，雅量与性情有关。真性情而有雅量，美仪容而有风采，则是因为智慧**。因为有风采，仪容才真美；有雅量，性情才可贵。但是，长得漂亮，可能徒有其表；性情耿直，又可能难以包容。这就要有智慧。**大智若愚，表现出来就是雅量。智者乐水，表现出来就是风采**。

先说风采。

前面说过，所谓"美仪容"，原本就包括了内在修养和人格魅力。只不过，这种修养和魅力，还必须表现为外在风采和风度。或者风流倜傥，或者超凡脱俗，或者飘逸不群，或者玩世不恭。总之，要潇洒，要"酷"。

比如大书法家王羲之，就很酷。《晋书·王羲之传》和《世说新语·雅量》都说，太尉郗鉴想在王导的子侄中挑女婿，王导就让郗鉴的信使到东厢房随便挑。信使看了一圈，回去报告说，王家的小伙子个个出色。听说太尉挑女婿，也都很端庄严肃。只有一位，在东边的坐榻（东床）上袒胸露腹地躺着，满不在乎。郗鉴说，那就选他！此人，便是王导的堂侄王羲之。从此，人们又把女婿称之为"东床"。

又比如王徽之与桓伊的交往，也很酷。王徽之，字子猷，是王羲之的第五个儿子。桓伊，字子野，是王濛和刘惔欣赏的人，跟谢尚的关系也很好。王徽之和桓伊，两个人都互相知道，但不认识。有一天，王徽之出门，已经上船了，正好桓伊坐着车子在岸上走过。有人就告诉王徽之，说车上那人就是桓子野。王徽之就派手下人过去，跟桓伊商量，说"闻君善吹笛，试为我一奏"。这时，桓伊的地位已经很高（**已显贵**）。但对王徽之，却也闻名已久。于是，桓伊回身下车，坐在胡床（**即交椅**）上，吹了三曲，然后上车走了。宾主二人，自始至终，一句话都没说（《世说新语·任诞》）。这叫什么呢？这就叫"不俗"呀！

从这里也可以看出，酷，不一定就张扬。不张扬，更酷。《晋书·谢安传》和《世说新语·雅量》都说，谢安隐居东山的时候，跟孙绰、王羲之等一帮朋友出海去玩。船行海上，风起浪涌，孙绰、王羲之等人当时脸色就变了，大叫着要回去。谢安却神情坦然，若无其事，一直等到风浪更大，所有人都坐不住的时候，谢安才不紧不慢地说，这样的话，是不是就回去呢？众人这才安静下来，跟着谢安回去。于是当时的舆论，便认为谢安这个人，真是"足以镇安朝野"。为什么？因为他有气度，有雅量呀！

那就再说雅量。

比如东晋有位叫陆玩的，大约是个资质平平的官员。但后来朝廷的几位栋梁，王导、郗鉴、庾亮，都去世了。选来选去选不出宰相，只好让他当了三公之一的司空。结果大家都议论纷纷，他自己也觉得不是这块料。这时，就有一个人跑到他家里去拜见他，向他要酒喝。酒要到以后，又端起酒杯走到柱子跟前，说柱子啊柱子，我给你敬杯酒吧！咱们现在，可真是国中无人啊！只好让你来当柱石，你可千万别把人家房子给弄塌了呀！这就等于是当面羞辱陆玩了。但是你猜陆玩怎么样？陆玩呵呵一笑，说"戢卿良箴"。戢（读如集），收藏的意思。箴（读如针），规劝的意思。这就是说，你的金玉良言，我牢记心中了（《世说新语·规箴》）。如此雅量，也真可以算作"宰相肚里能撑船"。

陆玩尚且如此，谢安就更是雅量非凡。《晋书·谢安传》和《世说新语·雅量》说，淝水之战时，他的侄子谢玄等人在前方打仗，他自己在后方坐镇指挥。捷报传来的时候，谢安正在下棋。看完捷报，谢安一句话都不说，又把目光慢慢地转向棋局。反倒是那位客人沉不住气，问他前方战况如何。谢安这才淡淡地说，小孩子们大获全胜了（小儿辈大破贼）。

这事也一直是谢安雅量的证据，但这雅量是可疑的。因为这个故事，《世说新语》只说到这儿为止，《晋书》却多了个尾巴。这尾巴说，客人走了以后，谢安立即欣喜若狂地冲回内室。木屐的齿被门槛碰断了，都不知道。所以，《晋书》说"其矫情镇物如此"。看来，记录历史，多一句，少一句，可能就大不一样啊！

其实，就连谢安的清高，也有人怀疑。谢安先前不是一直隐居东山，不肯出来做官的吗？但到后来，还是做了桓温的司马。有一次聚会，说起一味草药，叫"远志"，也叫"小草"。桓温就问谢安，同一种东西，为什么会有两个名字？谢安还没回话，旁边一个人却应声答道：隐居深山就叫"远志"，出来做官就叫"小草"呗！（《世说新语·排调》）

当然，就算淝水之战那会儿，谢安的"从容淡定"是装的，也无可厚非。因为有这个政治需要。政治家，有时是需要表演的。比如，鼓舞士气，安定人心，等等。他出来做官，对东晋王朝也有好处。这些都不去说他。但魏晋名士的所谓"风度"，倒确实有真有假。比如"竹林七贤"之一的王戎，就假得很。他天天跟夫人两个人在灯下算账，看赚了多少。卖李子的时候，还要在核上钻眼，怕别人得了良种（《世说新语·俭啬》）。这又算什么清高？

那么，魏晋名士的风采也好，雅量也好，或者别的什么也好，究竟是真是假呢？

真真假假

还是再来看嵇康。

前面说过，嵇康是被司马昭杀掉的。他的被杀，直接原因是得罪了钟会。但是，如果司马昭不讨厌他，钟会也不可能得逞。司马昭为什么讨厌嵇康呢？又与嵇康的朋友山涛有关。山涛，也是"竹林七贤"之一。但是后来山涛出去做官了。这倒也没什么，因为竹林七贤，个个都做过官或有官衔。比如，嵇康，中散大夫；阮籍，步兵校尉；向秀，黄门侍郎；刘伶，建威参军；阮咸，散骑侍郎；王戎的官就更大，一直做到司徒、尚书令。山涛呢？开始做小官，后来做到尚书吏部郎。问题是，嵇康做官，是为曹魏服务；山涛做官，是为司马氏效劳。这倒也罢了。可是山涛因为"另有任用"，便推荐嵇康接任自己的职务。嵇康就生气了，写了一篇文章，叫《与山巨源绝交书》，要跟山涛断交。绝交就绝交吧，他还要讲道理，讲自己为什么不能出来做官的理由，一共九条。就是这九条理由，把司马昭得罪了。

嵇康的九条理由，是什么呢？七条叫作"必不堪"，就是"我受不了"；两条叫作"甚不可"，就是"你们受不了"。哪七件事情呢？嵇康说，第一件，我喜欢睡懒觉。做官以后要按时起床，我受不了。第二件，我喜欢抱着琴散步吟诗，或者出去钓鱼打猎。做官以后，旁边跟着秘书、警卫，我受不了。第三件，我这个人不喜欢洗澡，衣服里面有很多小动物，经常要抓挠。上班开会，必须衣冠楚楚，正襟危坐，累了不能躺，痒了不能抓，我受不了。第四件，我是不喜欢写信的。让我每天写很多的公文，我受不了。第五件，我不喜欢吊丧。做了官就不能不去，我受不了。第六件，我不喜欢俗人。做了官，就得天天跟他们打交道，我受不了。第七件，我很不耐烦，每天给我那么多工作做，我受不了。

谁都看得出，嵇康这七条"受不了"，一句正经没有。这就等于公开宣布，老子没把你们那破官放在眼里。请大家想想，这岂非故意让朝廷难堪？不过，更严重的，还是所谓"甚不可"，也就是"你们也受不了我"。哪两条呢？第一条，叫作"非汤、武而薄周、孔"。汤就是商汤王，武就是周武王，周就是周公，孔就是孔子。这就是说，我，是反对商汤、周武，看不起周公、孔子的。你们，则是要以商汤、周武为先王，周公、孔子为圣人的。我们理念冲突，你们受不了我。第二条，叫作"刚肠疾恶，轻肆直言，遇事便发"。也就是说，我这个人是很耿直的，疾恶如仇的，说话很随便的，遇到什么事情就发飙的。我的政治理念跟你们不一样，还喜欢发飙。你把我弄去当官，我天天发飙，你们受得了？

当然受不了。还不是以后受不了，现在就受不了。所以，司马昭就把他杀了。

这是嵇康的公开声明。但是我们去看他给儿子写的信，可就完全两样。他写《家诫》的时候，儿子还不到十岁。他怎么教育儿子呢？他说儿啊，以后长大了，做人要小心。如果做一个小公务员，

175

对你的领导，恭恭敬敬就可以了。不要黏黏糊糊（**不当极亲密**），不要老去见他（**不宜数往**）。实在要去看领导，也要掌握时间，去得是时候（**往当有时**）。如果还有别的同事也去，就不能一个人走在最后面（**不当独在后**），更不能单独留下来（**又不当宿**）。因为万一第二天，你的同事挨批评了，他就会怀疑是你告的密。喝酒的时候，如果有人讨论问题，争得不可开交，最好马上走掉。因为在场就要表态，表态就得罪人。你站在张三一边，李四要恨你；站在李四一边，张三要恨你。装聋作哑，两边都恨你。还有，吃饭的时候，人家跟你敬酒，你不能直通通地说我不喝，应该端起杯子笑，等等。

写《家诫》的嵇康，很世故，跟写《与山巨源绝交书》的嵇康，判若两人。所以鲁迅先生说，嵇康的玩世不恭、放浪形骸，包括他的"非汤、武而薄周、孔"，恐怕是假的。实际上，嵇康也好，阮籍也好，比那些卫道士们更要看重礼教，看重孔孟之道。只不过，汤武周孔、礼教纲常等等，已经被那些阴谋家、野心家、伪君子，变成了谋私的工具。阮籍、嵇康这些"真君子"，就只好宣布自己不要礼教，免得被那些家伙"道德绑架"。

这是有道理的。因为魏晋时期的"孝治天下"，确实虚伪。比如曹操，一面宣布"唯才是举"，不忠不孝也没关系；另一面，又以"不孝"的罪名去杀人。这样一来，孝不孝，岂不就成了他们手里的牌，想怎么打就怎么打？这是嵇康他们受不了的。

其实，礼教的虚伪，至少从东汉就开始了。当时有个"段子"，也就是民谣，叫"举秀才，不知书；察孝廉，父别居"。这话什么意思？得先讲东汉的干部制度。秦汉以后，民国以前，历代王朝的干部选拔制度，前后有三种：察举、荐举、科举。两汉是察举，魏晋是荐举，隋唐以后是科举。举，就是选拔。怎么选拔？隋唐以后靠考试，所以叫"科举"；魏晋靠推荐，所以叫"荐举"；两汉靠考察，所以叫"察举"。考察什么？一个品行，一个才艺。才艺好，就叫"秀才"；品行好，就叫"孝廉"。所谓"举秀才，不知书；察孝廉，父别居"，就是选拔了一个官员，说他才艺好，是秀才，却不识字、不读书；选拔了一个官员，说他品行好，是孝廉，却其实不赡养父亲。这，可不就是虚伪？

统治者虚伪，知识界也虚伪。虚伪的表现，就是满口仁义道德，一肚子男盗女娼。所以，伪君子是一定要讲礼教的，也一定是一本正经的。这就弄得真君子毫无办法。真正经是不行的了，它对付不了假正经。真正经，假正经，表面上看都正经，咋知道谁真谁假呢？不正经，也不行。所谓"假正经"，实质上就是"不正经"嘛！跟着他们"假正经"，当然更不行。怎么办？嵇康、阮籍、刘伶他们的办法，是"假不正经"。这是对付"假正经"最有力的武器。为什么？因为"假不正经"的背后，是真性情。**假正经一旦遇到真性情，所有的脂粉、面具、铠甲，就统统地落花流水、溃不成军了。**

何况还有高智商和美仪容。这两个，也是消解和清算汉末魏晋之"假正经"的。因为假正经的特点，是装模作样。装什么呢？一装有道德，二装有学问，三装很正派，其实是做正人君子状。怎样做状？正襟危坐，不苟言笑，规行矩步，固守雷池。这就毫无风采可言。有学问怎么装？掉书袋，打官腔，拽，卖弄，钻牛角尖。比方说，一句"学而时习之"，能写二三万字的注释。这也不需要多高的智商，肯花工夫就行。所谓"皓首穷经"，说的就是这些人。最后，是"死读书，读死书，读书死"。这也毫无魅力可言。

读死书和假正经，怎么会成为东汉的风尚呢？两个原因。一个，是汉武帝的"独尊儒术"。另一个，是汉王朝的"察举制度"。这两个，又有关联。秦汉以前，读书人的出路，是比较多的。因为读书人虽然是"毛"，只能依附在一张"皮"上，但那时"皮"多呀！秦、齐、楚、赵、魏、韩，都是"皮"。此处不留爷，自有留爷处。士人们朝秦暮楚，见异思迁，正常得很。这才有先秦诸子百家争鸣。秦汉以后不行了，"毛"还是那些"毛"，"皮"却只有一张，就是皇上。你想依附到这张"皮"上，也只有一条路，就是"察举"。结果，要被举为孝廉，就得假正经；想被举为秀才，就得死读书。而且，还得读儒家的书，照儒家的伦理道德去伪装。这就是国家垄断出路、垄断思想的结果。

可是，东汉末年，天下大乱，诸侯割据，军阀混战。思想文化的事，没人管了。曹操又搞"唯才是举"，用人不拘一格，察举也没了。这个时候，死读书，没用；假正经，也没用。可不就闲下来了？统治者管不着，读书人闲下来，所谓"异端邪说"，也就乘虚而入。一个，道家学说大行其道；一个，佛教思想风靡一时。儒家的经典，最吃得开的则是《周易》。《周易》《老子》、佛学这三个，共同特点是都讲智慧，充满哲理。这就产生了一种比较纯粹的思辨哲学——魏晋玄学。魏晋玄学的哲学精神是很强的，哲学意味也是很浓的，所以我在前面说，魏晋在中国思想文化史上的地位，是仅次于春秋战国的。可惜，魏晋玄学的题目，离我们的生活太远，诸位未必有兴趣，只好不讲。

总之，易、老、庄、玄、佛是当时的显学，知识界趋之若鹜。于是，**崇尚学问就变成了崇尚智慧**。智慧本身是有魅力的，它会变成风采和风度。因此，时代的偶像，也就从"正人君子"变成了"风流才子"。在真性情面前，假正经已经原形毕露。现在又有了高智商和美仪容，它还能再有藏身之处吗？

当然没有。要玩，也得改头换面了。

意义所在

东汉有伪君子，魏晋有假风度。

假风度例子不少，潘岳要算一个。潘岳，字安仁。前面说过，是"美仪容"的代表，女人见了要送水果的。这位老兄，不但人长得漂亮，文章也写得漂亮。代表作之一，叫《闲居赋》。内容，无非是厌倦官场、向往隐逸。但其实，他是个官迷。为了巴结权贵，他曾经跟石崇等人一起，天天守在街头。远远看见官车扬起的尘土，马上磕头，叫"望尘而拜"。这就连他母亲都看不惯，要讽刺他。可惜潘岳听不进去，照样追名逐利，趋炎附势。结果呢？官没当多大，脑袋掉了，这才后悔当初没跟妈回家吃饭（《晋书·潘岳传》）。所以，后来金代元好问的《论诗》就说"心画心声总失真，文章宁复见为人。高情千古《闲居赋》，争（怎）信安仁拜路尘"，也就是口头的宣言并不怎么靠得住。

这也不奇怪。因为虚伪一旦成为习惯，就不会自动退出历史舞台。假，总是会有人做的。假正经没用了，假风度就出来了。因为风采也好，风度也好，都要有外在的表现形式，何况那形式还是风尚。内涵学不了，样子却可以模仿。比如吃药、喝酒、说胡话、装疯卖傻、自命清高。魏晋风度有真有假，原因之一就在这里。

但这不等于魏晋风度就没有价值。没价值，秀什么？实际上，即便是作秀，背后也有价值观，有价值取向。是什么呢？也可以说几条。

第一，**向往自由**。比如前面说过的佛学家支道林，养了两只鹤。因为怕鹤飞走，就把它们的羽毛剪了。鹤非常郁闷，非常沮丧，老低下头来看自己的翅膀。支道林也很难过，就叹了一口气说，鹤啊鹤啊，你既然是有远大理想的，怎么能做我们的玩具宠物呢（既有凌霄之姿，何肯为人作耳目近玩）？就让鹤的羽毛长成，飞走。（《世说新语·言语》）

第二，**渴望真情**。比如桓温攻打成汉国，坐船过三峡的时候，部队里有人在岸上抓了只小猿猴，想养在自己的船上。小猿猴的妈妈，就沿着江岸追赶桓温的部队，一路追一路哭，一路叫自己的孩子。追了一百多里，这只母猿终于跳上了船。跳上船以后，看到自己的孩子，当场就死了。解剖发现，这只母猿的肠子，一寸一寸地断裂。桓温大怒，严厉地处分了抓猿的人（《世说新语·黜免》）。我们知道，桓温是一个野心家，打仗的时候，也是很凶的。但就是这样一个人，也有这份柔情和爱心。

第三，**蔑视世俗**。《世说新语·任诞》说，阮氏家族住在同一条街上，但是街北边的人富有，街南边的人贫穷。当时有个风俗，每年七月七日，要把衣服拿出来晒。北边的富人家，晒出来的都是绫罗绸缎。阮籍的侄子阮咸，也是"竹林七贤"之一，跟阮籍一样，也住在街南边，是贫困户。那他晒什么呢？晒一条犊鼻裤。犊鼻裤是什么东西？是干粗活的时候穿的短裤，也可能是短裙，也可能是短的裙裤。说得再通俗一点，相当于日本人的兜裆布。有人就

180

说了，你怎么晒这个东西呢？阮咸说，那没有办法啊！按照风俗，是要晒衣服的。我又不能免俗，只好晒晒这个了。这其实是蔑视世俗。

第四，**服从内心**。前面我们说过王徽之与桓伊的故事。还有一个故事，也是王徽之的。王徽之住在山阴的时候，有一天晚上下大雪，王徽之一觉睡醒，发现雪下得已经很多。环顾四周，白雪映照，天地间一片晶莹剔透。忽然想起一个朋友，叫戴逵，字安道，住在剡溪。马上就让家人备船，去看戴逵。船走了一夜，才到了戴逵住的地方。王徽之在门口看了看，就又回去了。人家问他为什么，他说，乘兴而来，兴尽而归，不一定见戴逵呀！（《世说新语·任诞》）可见，他们追求的，是自己内心世界的真实、自由和舒适。

第五，**热爱自然**。魏晋，是中国人发现自然美的时代。因为发现了自然美，所以，他们在品评人物的时候，往往用自然物来做比喻，来形容。比如前面说过的"轩轩如朝霞举"（简文帝），"濯濯如春月柳"（王恭），"岩岩若孤松之独立"（嵇康），还有"朗朗如日月之入怀"（夏侯玄）等，都是（《世说新语·容止》）。实际上，魏晋名士品评人物，也品评自然。比如，画家顾恺之就说，会稽山川之美，是"千岩竞秀，万壑争流，草木蒙笼其上，若云兴霞蔚"；书法家王献之也说，走在山阴道上，只觉得"山川自相映发，使人应接不暇"，而且"秋冬之际，尤难为怀"（《世说新语·言语》）。这是一种发自内心的爱。

那么，魏晋时期，为什么会有这样的价值取向呢？原因之一，就因为政治黑暗，礼教虚伪，前途无望，人生无常。大量的文人墨客、风流名士非正常死亡，谁都不知道自己的前途在哪里，将来在哪里，包括皇亲国戚、凤子龙孙，也包括那些最高级的士族。因为西晋政权建立以后，没过多久就是八王之乱。晋王室的兄弟们自相残杀，确实是"梦里依稀慈母泪，城头变幻大王旗"，谁都不知道自己明天是否还活着。

政治黑暗，美就只在自然；礼教虚伪，美就只在天际；前途无望，美就只在当下；人生无常，美就只在今世。《世说新语·任诞》说，有一个叫张翰的，也就是那个秋风中想起鲈鱼好吃，就弃官不做的张季鹰，酒喝得很厉害，号称"阮籍第二"。有朋友就劝他，说你这样醉生梦死，就不考虑留下什么名声吗？张翰说："使我有身后名，不如即时一杯酒！"也就是说，你还是拿杯酒给我，喝死算了，管他身后，哪有身后？

由此可见，魏晋风度是逼出来的。但这"逼出来的风度"，却仍然有着重要的意义。什么意义呢？**它是一个转折点，也是一个里程碑。**

我们不妨去看看魏晋风度之前的中国人的智慧，共同特点是什么呢？有用。法家和兵家不用说，一个政治学，一个军事学，当然要有用。儒家和墨家，都要救世，也得有用。就连哲学意味最浓的《周易》和《老子》，也有用，或被视为有用。只有庄子是个例外。所以，现在那些所谓"总裁国学班"，最喜欢讲的，就是《周易》《老子》《孙子兵法》，认为学了就能赚钱。讲庄子的，不多。讲魏晋风度的，基本上没有。因为魏晋风度是一点用都没有的。这就是第一个转折：**从有用到没用。**

第二个转折，**从人格到人情。**中国人的智慧，有一个重要主题，就是人生哲学。先秦诸子百家争鸣要解决的问题，就"一是治国，二是做人"。不过，法家只讲治国，不讲做人。墨家，也不怎么讲。讲人生的，是儒道两家，但讲法不同，观念也不同。道家当中，老子讲人生智慧，庄子讲人生态度。儒家孔与孟，都讲人格塑造。孔子要做"君子人"，孟子要做"大丈夫"。独尊儒术以后，这就成了主流。结果，是弄出了一堆伪君子和假正经。到了魏晋，儒家思想边缘化，孔孟之道吃不开了。吃得开的，是老庄《周易》、佛教玄学。表现为魏晋风度，就是"内在的智慧，高超的精神，脱俗的言行，漂亮的风貌"（李泽厚《美的历程》）。这就不能再讲人格，得讲人情，也就是内心感受、心灵慰藉、情感交流。所谓向往自由、渴望真情、蔑视世俗、服从内心，就是"讲人情"的表现。从此，中国哲学和中国艺术都越来越走向内心世界和情感世界。比如，从"修齐治平"转向"正心诚意"，从"诗言志"转向"诗言情"。所以说，这是一个转折。

第三个，从社会到自然。先秦诸子，儒道两家，也都讲自然。但他们讲自然，是为了讲道理。比如老子的"天地不仁，以万物为刍狗"（《老子》第五章），意思是说，在客观规律面前，人不要自作多情。这是说真。又比如孔子的"岁寒，然后知松柏之后凋也"（《论语·子罕》），意思是做人要有气节，要有坚持。这是说善。这两种都是"以天道说人道"，其实是讲社会。魏晋名士讲的自然，却是真自然，纯自然。而且，他们热爱自然，是因为自然美。比如有一位僧侣，叫道壹道人，也称壹公。他从京城回东山，经过吴中，正好下雪。其他人问他路上的感觉。他的回答，是"郊邑正自飘瞥，林岫便已皓然"（《世说新语·言语》）。这实在是很美的意境。可以这么说，道家求真，儒家求善，魏晋求美。

这就非常接近禅宗了，因为禅宗也是热爱自然的。而且，作为中国化的佛教，禅宗有三大特点：天国人间化，佛法内心化，智慧艺术化。这里面，不是有着魏晋风度的影子吗？实际上，**所谓"禅宗"，就是印度佛教传入中国以后，吸纳了儒道两家的思想，经过魏晋玄学和魏晋风度的洗礼，产生出来的又一种智慧。它标志着中国人的智慧已经从早熟走向了成熟，从思想变成了境界**。从这个意义上讲，魏晋风度岂非里程碑？

那就让我们再看看禅宗吧！

禅宗的境界

禅宗传说

讲禅宗，照例先得弄清楚，什么是禅宗，什么是禅。

禅，是梵文的音译，全称"禅那"，意思是"静虑"。它原本是一种修持的方法，就是安安静静地坐在那里思考，所以也叫禅定、坐禅。张中行先生有个非常形象的说法，叫作"用深入思索的办法改造思想"（《禅外说禅》）。这就是禅。

禅宗，则是佛教的一个宗派。佛教下面有很多派别，禅宗是其中的一种。不过，这个派别的产生，严格地说，没有历史，只有传说，甚至是神话。不过，宗教原本"有神"。讲神话，不稀奇。只要不看成信史，姑妄听之，也没关系。

禅宗的诞生，据《五灯会元》卷一说，缘于佛祖释迦牟尼的一次灵山法会。《五灯会元》是禅宗的著作，宋代普济和尚编的。灵山，就是灵鹫山，是佛祖生前说法的地方。因为佛祖传法的方式之一，就是开法会，类似于我们今天这种讲坛吧！他的说法，他的演讲，也是极其精彩的。精彩到什么程度呢？我想应该有十二个字：金莲涌地、顽石点头、天花乱坠。当然，这三个典故，都不是说灵山法会的。金莲涌地，是讲释迦牟尼佛出生那一天，一朵一朵金色的莲花从地上冒了出来，捧着他的双脚（《景德传灯录》卷一引《普曜经》）。顽石点头，是讲东晋一位高僧叫道生法师的，入虎丘山讲《涅槃经》，讲到最精彩的时候，山上的石头都点头（释慧皎《高僧传》）。天花乱坠呢，相传梁武帝的时候，有一高僧叫云光法师。他说法的时候，感天动地，天上的花都噼里啪啦往下掉（宋张敦颐《六朝事迹编类》）。都很神啊！

因此我想，当年释迦牟尼佛祖在灵山法会上说法，也一定是金莲涌地、顽石点头、天花乱坠。这时，佛祖就拿起了一朵花，给大家看。这个动作，就叫"拈花示众"。可是，所有人都不明白是什么意思，只有一个弟子笑了。这个弟子，就叫摩诃迦叶（叶读如社）。摩诃，是大的意思，所以也翻译成大迦叶。大迦叶笑了，于是佛祖说：

　　吾有正法眼藏，涅槃妙心，实相无相，微妙法门，不立文字，教外别传，付嘱摩诃迦叶。

什么意思呢？佛祖传法的常规途径，是召开大法会说法。弟子们把它记录下来，整理出来，就是佛经。所以佛经往往开头就说"如是我闻"，意思为"我是这样听佛祖说的"。但是此刻佛祖说，我开辟另一条传法的途径，不说话，也不做记录。怎么传呢？心心相印，叫作"道体心传"。我拈花示众，你会心一笑，就传了过去。用这种途径来传法，就叫"教外别传"。这个法统，佛祖传给摩诃迦叶了。同时，还指定阿难陀为副。

佛祖把心法传给了摩诃迦叶，这就创立了禅宗这个系统。于是，摩诃迦叶就是西土禅宗的第一祖。第二祖，是阿难陀。这两个人，其实大家都听说过。《西游记》里面有一段，说唐僧师徒四人历尽千辛万苦来到西天，想取得真经。佛祖就让摩诃迦叶和阿难陀，带他们去取。到了经房，摩诃迦叶和阿难陀就索要"好处费"，要到了紫金钵盂，还使坏，给唐僧他们的，全是白纸，一个字没有。这话我们得讲清楚。《西游记》是小说，不是历史。再说了，摩诃迦叶和阿难陀是禅宗的祖师爷。禅宗是"不立文字"的，怎么会给你"有字真经"？佛祖让他俩去发放经书，那才真是"别有用心"。

从摩诃迦叶到阿难陀，再到其他人，这样一路传下来，就传到第二十八代，是菩提达摩。可能有人就会问了，这二十八代怎么传啊？你凭什么说他就是二祖、三祖、四祖？难道你看着我笑了，这就算数了？那我以后见了和尚就笑，行吗？

当然不行。传法，得有凭证，这个佛祖也知道。因此，当年佛祖创立禅宗的时候，也不光是拿了一朵花。事后，还给了摩诃迦叶一件木绵袈裟。请注意，是"木绵"，不是"木棉"。为什么叫"木绵"呢？因为先前中国人的服装，主要是两种面料，麻和丝。麻织品叫布，丝织品叫帛。棉制品，没有。中国那时没有棉花，棉花是后来从印度引进的。此前要做棉衣，就用丝绵。丝绵的"绵"，要写绞丝旁，不能写成木字旁。木字旁的"棉"，是棉花。棉花是草木，所以叫"木绵"。这里的"绵"，也不能写成木字旁。木字旁的"木棉"叫英雄树，是另外一种植物。木绵袈裟的"木绵"，其实就是棉花。

佛祖给了摩诃迦叶一件袈裟，要他以此为凭，代代相传，一直传到慈氏佛出世为止。这是《景德传灯录》卷一的说法。《旧唐书·神秀传》则说，还有一个化缘用的钵盂。有了这一衣一钵两件东西，就是正宗。"衣钵传人"的典故，就从这儿来。

西土禅宗二十八代衣钵相传，传到菩提达摩，就到了中国。菩提达摩是南天竺人，据说也是个王子，南朝梁武帝的时候来到中国，在广州登陆。上岸以后一路北行，来到现在的南京，当时叫金陵，去见梁武帝，跟他说禅。我们知道，梁武帝是个很信佛的皇帝，生前曾四次舍身同泰寺。也就是四次表示皇帝不要当，要去当和尚，然后就到寺庙去了。国一日不得无君啊！大臣们只好花一大笔钱，去把他赎回来。这梁武帝，其实就是帮佛门集资了。

但是，梁武帝这个信佛的皇帝，是不开窍的，其实没有慧根。他见了菩提达摩，开口就问：朕到处造寺庙，布施，自己舍身同泰寺，请大和尚看看，朕的功德有多少啊？菩提达摩说：你没有功德（《景德传灯录》卷三，亦见《六祖坛经·决疑品》）。这就怪了。梁武帝这么保护佛教，这么赞助佛教，是当时佛教最大的赞助商，为什么没有功德呢？因为在菩提达摩看来，梁武帝这不叫信佛，只能叫求福。他跟佛的关系，就像做买卖。我给你多少钱，你赐我多少福。这种"世间的福报"，跟"出世的解脱"，岂可同日而语？

这就谈不拢。谈不拢，菩提达摩就走了。走到长江边，摘了一根芦苇，往江上一扔，自己跳上去，过江了。这叫"一苇渡江"。过了长江，到了嵩山，找一个山洞，一动不动，坐了九年。这叫"面壁九年"。据说，小鸟在他的肩膀上，都筑了窝。他自己也双眉落尽，掉下来的眉毛变成了茶树。这样，就产生了轰动效应，因为此前没有这样的人。于是菩提达摩就在中土开创了禅宗，成为中土禅宗的初祖，鼻祖。

中土禅宗的二祖是谁呢？慧可。慧可这人是个知识分子，很有文化，很有修养，对哲学很有研究。据说，他去拜菩提达摩为师，为了表示决心，把一只手臂砍断了（也有人说是强盗砍断的）。菩提达摩不肯收他，他就站在门外面等。当时下着大雪，慧可站在那里一动不动，以至于大雪过了膝盖。菩提达摩看他确实是诚心诚意，就收了他。慧可就对师父说，我的心没法安顿（**我心未安**），请和尚慈悲，帮我安心。菩提达摩说，那好，把心给我，我帮你安。慧可说，我这个心怎么拿得出来呢？菩提达摩说，好，我已经安好了。于是慧可豁然开朗。临终之前，菩提达摩又把衣钵传给了慧可，还说了十六个字，叫作"内传法印，以契证心；外付袈裟，以定宗旨"（《景德传灯录》卷三）。

中土禅宗的三祖，叫僧璨。僧璨的事迹不太多。比较特别的，是他的圆寂方式。我们知道，和尚圆寂主要是两种方式。一种叫卧化，就是躺在床上圆寂；一种叫坐化，就是坐着圆寂。僧璨则都不是。《楞伽师资记》说，有一天，僧璨要圆寂了，就把学生们都召来，说你们都认为坐化了不起，见过立化的没有？大家说，没见过。僧璨说，我立化。于是伸出手来扶着树，眼睛一闭，就圆寂了。

僧璨的法嗣（传人），也就是中土禅宗的四祖，是道信。道信是十四岁的时候去学佛的。当时僧璨就问他，你来学佛想要怎么样呢？道信说，求解脱。僧璨说，谁捆住你了啊？道信说，没有人捆住我。僧璨说，没人捆你，要什么解脱？道信恍然大悟，就得道了（《景德传灯录》卷三）。这是道信。道信的一个贡献，是在蕲州黄梅的双峰山（在今湖北），建立了禅宗的道场，为五祖传法、六祖立宗创造了条件。

到七十多岁，道信圆寂了。衣钵传给谁？弘忍。弘忍也是个神童。他七岁的时候，在外面玩，遇到了道信。道信一眼看过去，就知道这小孩有慧根，就走过去问他：小孩，你贵姓啊？弘忍说，姓倒是有，但不一般。道信说，那是什么？弘忍说，佛性。佛性的性，当然不是姓氏的姓。弘忍这是利用谐音玩文字游戏，但禅宗就喜欢这一套。于是道信也换一个同音字，性，然后问他：难道你自己没有性吗？弘忍说，性空。道信一听，这个不得了！这是肉身菩萨！就跟弘忍的父母亲商量，把弘忍收作了自己的徒弟（《景德传灯录》卷三）。这就是中土禅宗的五祖，弘忍。

六祖传奇

现在，我们说六祖。

六祖是谁呢？惠能，也有书上写成慧能。两种写法，都对。正如"菩提达摩"，也可以写成"菩提达磨"。惠能原是范阳（今河北涿州）人，俗姓卢。他的父亲因为做官出了问题，被贬到新州（今广东新兴）。三岁的时候，惠能丧父，母亲又带着他从新州迁到了南海（今广东南海），孤儿寡母，艰难度日。每天惠能上山砍一些柴，背到山下街上卖，换一点钱赡养他的母亲。有一天，他在街上卖柴的时候，听见有人在念书，一下子就入迷了，就问是什么书。那人告诉他，是《金刚经》。又问，谁能讲《金刚经》呢？那人就告诉他，湖北蕲州黄梅双峰山的弘忍大法师，讲得最好。惠能就决定要向弘忍学《金刚经》。正好，有一位居士，心地善良，看他学佛心切，赞助他十两银子。惠能用这十两银子把母亲安顿好，然后自己就北上，走了一个月，到蕲州黄梅双峰山去见弘忍。

到了双峰山，弘忍照例问他，你是哪里人，想干什么？惠能回答，弟子是岭南人，只求作佛。弘忍说，岭南人是野蛮人，怎么能学佛？惠能说，人分南北，佛性无南北，岭南人怎么不能做佛？弘忍听了，估计当时心里就咯噔了一下：这人慧根极好，闹不好又是一个肉身菩萨。就说：你这野蛮人，简直是根性太劣！到厨房，舂米去！惠能就在厨房劈柴踏碓，舂了八个月米。头发也没剃，只能算是行者。

八个月以后，有一天，弘忍忽然把弟子们都喊来，要他们每个人都写一则偈。谁写得最对路，就把衣钵传给谁。偈（读如记），原本是佛经中的颂诗、唱词。后来，僧人要表达自己的观点，也用偈的形式。弘忍要弟子们写作的，叫"示法偈"。示法偈有两种，一种是禅师为学人指点迷津，另一种是学人向禅师汇报心得。这次是后一种，有点像现在的博士、硕士、学士毕业，要写学位论文。只不过，弘忍那里，"博士学位"只有一个。

听了弘忍的宣布，学生们就议论纷纷，都说衣钵传人就一个，我们写它干什么？我们当中，最优秀的就是大师兄神秀嘛！神秀都已经当上教授师了。我们地位低得多，学问差得远，哪里写得过他？我们别写，让神秀写。神秀就想，我写不写呢？写吧，不对路怎么办？不写吧，可就没机会了啊！思虑再三，半夜三更，悄悄地在墙上写了一则偈，是这样的：

身是菩提树，心如明镜台。时时勤拂拭，勿使惹尘埃。

这则偈写出来以后，弘忍大法师一看，就知道还是不靠谱。佛家讲"无"，讲"四大皆空"，你还是菩提树，还是明镜台，还要经常打扫卫生，这不还是"有"吗？但是他没有声张，反倒对众人说，神秀写得不错，大家都来读一读。然后悄悄地把神秀叫到方丈，对他说：你这个偈，还没有真正开悟。你重新写一个，对路了，我就传你衣钵。

神秀回到禅房，苦思冥想，不得要领。但是其他学生们，都已经在唱诵他的偈。惠能在厨房里面春米，也听到了。正好，寺里来了一位官员，江州别驾张日用。惠能就对他说，张大人，我也有一则偈。但我不认识字，你帮我写在墙上吧！这位张别驾就说，你也写偈？这倒稀奇！惠能就说，张大人啊，话不能这么讲。学佛的人，怎么能瞧不起人呢？接着，惠能说了一句非常有名的话：

下下人有上上智，上上人有没意智。

这话翻译过来，就是"卑贱者最聪明，高贵者最愚蠢"。张日用没话说，只好拿起笔跟惠能说，好好好，我帮你写！不过，你要是得了道，得先度我。惠能就诵偈曰：

菩提本无树，明镜亦非台。本来无一物，何处惹尘埃。

惠能这个偈一出来，弘忍心里一惊：这才是悟到了无上正等正觉啊！但是，一个厨房里面春米，头发都没有剃过的人，一下子从最底层冒上来当接班人，这个怎么弄？就用鞋把惠能的偈擦掉，说"亦未见性"，要大家再去想。

第二天，弘忍法师悄悄来到厨房，看到惠能腰里绑着块石头在舂米。就问他，你这个米舂好了没有？惠能说，米是早就舂好了，还没有筛。这是双关语。筛字的下面，是老师的师嘛！意思是说，我是行了，但老师那关还没过。弘忍也懂了，就拿起禅杖在他舂米的石碓上，敲了三下，走了。惠能也明白，便在当晚三更，走后门进入方丈。

大家笑了，这不是《西游记》吗？告诉大家，恐怕《西游记》是抄它的，因为这个在前嘛！去了之后，弘忍就跟惠能讲《金刚经》，讲到一半的时候，惠能大悟。弘忍也知道他全明白了，就传给他钵盂和袈裟，指定他为禅宗第六祖，还给他说了"传法偈"，也就是禅师指定法嗣时要说的话。然后对惠能说，此处不可久留，我连夜送你过江。

于是师徒二人连夜来到长江边。上船以后，惠能说，和尚请坐，弟子摇橹。弘忍说，应该我度你（合是吾度汝）。度，佛教名词，脱俗、出离生死的意思。比如削发出家，就叫"剃度"。按缘分，弘忍是师父，惠能是徒弟，应该是弘忍来度惠能。当然，这个"度"，是没有三点水的，但是跟有三点水的"渡"谐音。弘忍的意思，是佛家讲度人。师父度徒弟，天经地义，因此应该我来摇橹。渡你过江，也就是度你到彼岸了。

惠能怎么说呢？惠能的回答是，"迷时师度，悟了自度"。意思就是，我不明白的时候，老师度我。我现在已经开悟了，我自己度自己。弘忍想，这真是活菩萨！就叹息着说，是这样，是这样啊（如是，如是）！今后，佛法就靠你弘扬了！

辞别恩师，惠能连夜过江，一路南行。然后按照弘忍的吩咐，隐姓埋名，潜伏下来，直到十几年以后才现身。因为这时，受到武则天等人追捧的神秀，地位已经很高，在北方影响也很大。惠能觉得，自己再出来传法，就没有什么危险了。

于是，惠能就到了广州的法性寺。法性寺的住持，叫印宗法师。有一天，他讲《涅槃经》。正好，寺庙里面的幡，就是那个旗子，动起来了。这就有了一个问题：幡是无情物，没有意识的，怎么会动呢？僧人们就争论起来。有人说，风吹幡动。但，风也是无情物，也没有意识，怎么会动呢？有人说，因缘合和。也有人说，风不动，幡自己动。总之，七嘴八舌，吵成一锅粥。这时，惠能就站起来大声说：什么风动，什么幡动，都是你们心动！

印宗法师听了，大吃一惊。就把惠能请进方丈，说我们早就风闻，五祖的法嗣，到我们岭南来了，恐怕就是你吧？惠能这才说，不敢。印宗就说，请出示衣钵吧！惠能就回到自己的房间，把衣钵拿出来。印宗一看，果然是六祖到了，就跪了下来。惠能说，不好意思，头发还没剃呢！印宗法师就给惠能剃度，然后再拜惠能为师。

于是惠能就在岭南升坛、说法、收徒，创立了禅宗的南宗。从此，禅宗分为南北宗。北宗以神秀为代表，主张渐悟，就是一点一点地修，慢慢修成正果。南宗以惠能为代表，主张顿悟，说白了就是"立地成佛"，没有那么麻烦。

那么，最后在中华大地风行的，是哪一宗派呢？惠能的南宗。以至于后来说到禅宗，基本上就是指南宗。我们后面讲的，也都是禅宗南宗。从这个意义上讲，惠能其实是中土禅宗的初祖。因此，中国所有僧人的著作，只有惠能说法的记录，才叫作经，也就是《六祖坛经》。前面讲的这些故事和传奇，就来自《六祖坛经》。这是佛祖才能享受的待遇。

惠能创立南宗以后，经过诸多弟子一代又一代的努力，禅宗终于风行中华大地。唐宋两代的文人士大夫，包括那些反对佛教的人，都喜欢参禅。比如韩愈，是反佛的。因为反对皇帝迎佛骨，被贬到潮州。但是韩愈到了潮州，却跟禅师来往。也就是说，他反佛不反禅。其实，知识界不但不反禅，还以参禅为时尚。禅宗在知识界，有如当年的魏晋玄学。这就有了一个问题：禅宗为什么能成功呢？换句话说，禅宗南宗的精髓所在，究竟有哪些呢？

人间的佛法

首先，禅宗是人间的佛法。

我们知道，佛教是东汉明帝时期传入中国的。到了魏晋南北朝，就在中华大地上盛行起来。所谓"南朝四百八十寺，多少楼台烟雨中"（杜牧《江南春》），可见当年的盛况。佛教兴盛以后，对中国的传统文化，就构成了一个冲击。中国的传统文化，经历过西方文化的两次大冲击。第一次就是佛教传入中国，第二次则是鸦片战争以后的"西学东渐"。所以，魏晋南北朝隋唐之际的思想文化状态，跟今天是非常相似的。当时，也有一个如何处理两种文化的关系，以及在新形势和新格局下，传统文化如何与时俱进的问题。

最有危机感的是儒家，因为儒学面临着严峻的挑战。众所周知，自从汉武帝定下"罢黜百家，独尊儒术"的基本国策，儒家学说就被钦定为国家意识形态。但是，儒学的这个地位，在魏晋时期就已经摇摇欲坠。我在上一讲说过，那时的主流意识形态，是魏晋玄学。在知识界吃得开的，是老庄哲学。儒家的经典，只剩下一部《周易》，还被玄学化。实际上，是道家思想替代了儒家思想，佛家思想也在一旁兴风作浪、推波助澜。到了南北朝，佛家思想更是风靡一时，大有取得"执政地位"之趋势。这样内外夹攻，儒学哪里扛得住？就只能拼命抵抗。抵抗的结果，是当时的某些政权，不得不利用手上的公权力，甚至动用暴力来灭佛。

于是，佛教就面临着两种选择。一种，是坚持原则，寸步不让，确保"原汁原味"。其结果，恐怕就只能是退出中国。为什么呢？因为"正宗"的佛教，跟中国的传统文化和政治制度，冲突太大了。比方说，**儒家讲君臣父子，佛教讲众生平等**。出家人见了皇帝，头都不磕一个，只是双手合十，道声"阿弥陀佛"。出家以后，父亲的姓都不要了，都姓释。这在儒家看来，简直就是"无君无父"，不成体统！何况出家人还不结婚，当然也不生子。不孝有三，断后为大。儿子都不生了，这还了得？传统社会的中国人，有两条最受不了，一个是不准他生儿子，一个是见了皇帝不磕头。仅凭这两条，佛就抗不过儒。

这就只剩下第二种选择，即妥协让步，讨价还价，实现佛教的中国化。这其实也没有价钱可讲。因为任何外来文化、外来理念，如果不考虑中国国情，不和中国本土的文化相结合，就不能在中国立足。请大家想想，传入中国的，有多少宗教？伊朗的摩尼教传入过，现在还有吗？犹太教，也传入过，还有多少呢？基督教、伊斯兰教，部分的成功，但都没有佛教的影响大。为什么？佛教中国化了。

佛教要中国化，就得先弄清楚冲突在哪里。在哪里呢？**佛教是**

天国的哲学，儒学是人间的哲学。儒家是不讲什么灵魂归宿、彼岸世界那一套的。同样，大多数的中国人，从士大夫到老百姓，真正喜欢的，还是世俗的生活，比如父慈子孝、夫唱妇随、四世同堂、含饴弄孙，谓之"天伦之乐"。他们追求的，也大多是世俗的价值，比如升官发财、荣华富贵、光宗耀祖、封妻荫子。清高一点，也不过功成身退或独善其身，价值仍然在人世。

所以，**佛教要中国化，第一步就要人间化**。

问题是怎么做。禅宗的做法，是"破字当头"，先把一些糊涂观念给"拆迁"了。具体地说，就是向信众讲清楚四点：净土无理，佛也是人，读经无用，坐禅无功。

先说**净土无理**。

佛教有一个教义，就是我们这个人世间，是很苦的。这是佛教的根本。我们知道，释迦牟尼原本是净饭国的王太子，照理应该做国王的，为什么要出家呢？据说，就因为有一天他出王城，从王城的四个门出去，在每个门都看到苦。在第一个门，看见产妇，生苦；在第二个门，看见老人，老苦；在第三个门，看见病人，病苦；在第四个门，看见死人，死苦。生老病死，都苦。所以，佛教所谓"四圣谛"（苦、集、灭、道），第一条就是苦。

想想也是。人生，可不就是苦？小孩子，生下来就哭，有谁落地笑呵呵？苦嘛！然后，中考、高考、毕业、求职、当"蚁族"、做"房奴"！好不容易结了婚，生个孩子，奶粉都买不起，要去挣钱。苦极了！

那应该怎么样呢？应该修行。修出什么结果呢？往生西方净土。为什么？因为东土太苦了！西方世界好，那地方干净。由此，又产生出一个宗派，叫净土宗。净土宗的修行方式，就是不停地念佛，念"阿弥陀佛"。这样，死了以后，就能到西方去。

但是惠能反对。在《六祖坛经·决疑品》，惠能讽刺说：

东方人造罪，念佛求生西方。西方人造罪，念佛求生何国？

惠能这一声断喝，当时就把人镇住了。是啊，我们东方人每天念"阿弥陀佛"，祈祷自己下辈子投生在西方。那么，西方人遭罪，受苦，他上哪儿去啊？逻辑不通嘛！

其实，不通的是惠能。因为佛教说的西方，不是地球的西边，或者印度。地球西边也是人世，也是"秽土""秽国"。佛教所谓"净土"，是佛住的地方，又叫"佛国"，其实就是"天国"。那儿的人，怎么会遭罪、受苦？但不通归不通，却有用。什么用？否定"天国"。天国被否定，人世就被肯定，这是第一点。

再说**佛也是人**。

佛也是人，这原本是常识。中国人的宗教世界，有四个角色：鬼、神、仙、佛。前两个不是人，后两个都是人。什么是鬼？人死了以后就是鬼。鬼，并不是贬义词。在春秋，祖宗也叫鬼，所以会有"大鬼""小鬼""新鬼""旧鬼"之争。但是，有个别人，死了以后不是鬼，是神。哪些人呢？尧、舜、禹这些。为什么呢？因为他对我们民族有大功德。也就是说，活着的时候为我们造福，死了以后就是神。像我这样没有贡献的，死了以后就是鬼。自然界，也有神。比如山神、河神、海神，这是造福人类的。不听话、搞破坏，或者添乱、惹麻烦的，则是妖、魔、精、怪。这些，都不是人。

仙和佛则不一样。仙是肉体飞升，佛是思想觉悟。就是说，你修道，修着修着，突然身体没有了重量，升上天了，就成了仙。不但你升上去了，你家的阿猫阿狗也升上去了，这叫"一人得道，鸡犬升天"。什么吕洞宾啊，铁拐李啊，玉皇大帝啊，都是这样成仙的。成佛，则是因为觉悟。比如释迦牟尼，从他在菩提树下悟得无上正等正觉那一刻起，就成佛了。当然，严格地说，光是觉悟，还不是佛。成佛，要满足三个条件：自觉、觉他、觉行圆满。但不管怎么说，总是在生前，不是在死后。成仙，也一样。成仙成佛，都不必先死。所以，仙字也好，佛字也罢，都是人字旁。佛和仙，都是人。

这其实原本是常识。只不过，求神拜佛的时候，许多人就忘记了。一些没有文化的信众，则根本不知道，以为佛也是神。这就要告诉大家，佛祖活到一定年纪也会死，跟我们没什么两样。这就是禅宗做的工作。问题是，这又有什么意义呢？意义就在**打破神秘感，回到人世间**。因为既然"天国不存在，佛祖也是人"，那么，你要成佛，就只能在人间。

所以，六祖惠能说：

佛法在世间，不离世间觉；离世觅菩提，恰如求兔角。

这话记载在《六祖坛经·般若品》。意思也很清楚：佛法就在人世当中。你要学得佛法，就得到社会生活中去。离开现实寻找佛法，就像在兔子头上找角，那是找不到的。

那么，我们怎样才能在世俗生活中成佛？惠能说，其实也很简单，无非"恩则孝养父母，义则上下相怜，让则尊卑和睦，忍则众恶无喧"。总之,只要你孝敬父母,友爱兄弟,团结同事,凡事忍着让着,则"西方只在目前"(《六祖坛经·决疑品》)。

说了半天,还是儒家那一套!因此,不少学者认为,禅宗的中国化,其实就是儒学化。或者说,第一步,玄学化;第二步,儒学化。有了这"两化",佛教可不就中国化了?中国化以后,岂不就可以跟儒道两家"三分天下,鼎足而立"了?

行倒是行。只不过,如果按照儒家的忠孝仁义去修行,那么,佛教自己的那一套,读经、坐禅、修持、戒律,还有用吗?

简易的佛法

禅宗的回答很明确:没用。前面引用的《六祖坛经·决疑品》那则偈,开篇第一句,就是"心平何劳持戒,行直何用修禅"。这就说到了"读经无用"和"坐禅无功"。这两条,跟"净土无理"和"佛也是人",顺理成章,一脉相承。

先说**读经无用**。

讲读经无用,有两个故事。一个,是德山宣鉴的。德山宣鉴,是惠能的六世法孙,唐代晚期人。德山是他的寺名(德山精舍,又叫古德禅院)。宣鉴是他的法号。在法号前面加山名、地名、寺名,是当时的风尚。德山宣鉴原本是反对禅宗的。他说,我们出家人,千辛万苦,皓首穷经,尚且不能成佛。禅宗那些家伙,却说什么不读经也能成佛。天底下,哪有这样的道理?就挑了一担经书,准备去找禅师辩论。没想到,走到半路,就在一个卖烧饼点心的婆子那里，挨了当头一棒。当时，德山宣鉴向那婆子买点心。婆子问他，你挑的是什么书？德山宣鉴说，是《金刚经》。婆子说，那好，我有一问。答得上来，点心白送；答不上来，找别人买。于是婆子问，《金刚经》上说，过去心不可得，现在心不可得，未来心不可得，请问法师要点哪个心？德山宣鉴瞠目结舌哑口无言。我猜测，这事对德山宣鉴一定有所触动，否则就不会记录下来。你想嘛，一个婆子的问题都回答不了，读那么多经书又有什么用？后来，他到了惠能的五世法孙龙潭崇信那里，一经点拨，便豁然开朗，立马一把火烧掉了所有的经书，再不读经，也不谈经了。(《五灯会元》卷七)

第二个故事，是古灵神赞的。古灵神赞是福州人，唐代高僧。他原本在福州大中寺出家受业。后来，外出游学，在惠能四世法孙百丈怀海那里得到启发，开悟得道。得道以后，古灵神赞就回到大中寺，去看他的启蒙老师，发现老师还在窗下读佛经。古灵神赞就想，老师怎么不开窍呢？就想启发他。但是，跟他讲道理，也讲不清。刚好，有一只蜜蜂正在窗户上，想飞出去。窗户上糊着窗纸，蜜蜂就在那里不停地撞。古灵神赞就说，外面就是广阔的世界。放着敞开的门你不会出去，撞那窗户纸干什么？你这样"钻故纸堆"，要钻到驴年马月啊？接着，古灵神赞诵偈一则云：

空门不肯出，投窗也大痴。百年钻故纸，何日出头时。

结果，他师傅也悟了。(《五灯会元》卷四)

再说**坐禅无功**。

禅宗有一个非常有名的禅师，叫马祖道一。因为俗姓马，所

202

以被称为"马祖"。至于"道一",当然就是法号了。马祖道一是南岳怀让的弟子,南岳怀让是六祖惠能的弟子。六祖惠能传法给南岳怀让,南岳怀让传法给马祖道一。所以,南岳怀让是二世,马祖道一是三世。马祖道一又传法给前面说过的百丈怀海,因此百丈怀海就是四世。当然,六祖惠能之后,传法就已经不传袈裟了。法嗣,也不止一个人。六祖圆寂的时候,就说衣钵是祸端,不再传承,你们都是我的传人。这是非常高明的。大家都是传人,禅宗就弘扬开来,兴盛起来。

但是,马祖道一学佛的时候,开始也是坐禅的。有一天,南岳怀让到禅房,看到一个年轻人在那儿打坐。南岳怀让一看,就知道这人是法器,有慧根,只是还没开窍。他就说,年轻人,你在这里坐禅,究竟图个什么?马祖道一说,图成佛。南岳怀让就找了一块砖头,在墙上磨。马祖道一说,和尚磨砖干什么?南岳怀让说,我打算把它做成一面镜子。马祖道一说,磨砖岂能成镜?南岳怀让说,磨砖不能成镜,坐禅岂能成佛?接着,南岳怀让又说了些道理,马祖道一就顿悟了。(《五灯会元》卷三)

读经无用,坐禅无功,其他那些清规戒律、晨钟晚课,当然也都没有意义。这对于传统佛教,无疑是一个革命。革命的成果之一,则是创立了**简易的佛法**。

简易,也是革命?是的。因为正宗的佛教,很烦琐。印度人,大概是世界上最不怕麻烦的。他们讲任何一个问题,都喜欢掰开了揉碎了,反反复复地证明,分得非常的细。比如"世界",是什么意思?世是时间,界是空间。时间,分为过去、现在、未来,叫"世"。许多寺庙的大殿里,供着三尊佛像,就象征着过去、现在、未来，叫"三世佛"。空间，则分为东、西、南、北、东南、西南、东北、西北、上、下，叫"界"。世界怎样构成？当中是须弥山，周围有七香海、七金山。第七金山的外面，有铁围山围绕的咸海。咸海四周，有四大部洲。这就构成了一个"小世界"。一千个小世界，就构成一个"小千世界"；一千个小千世界，就构成一个"中千世界"；一千个中千世界，就构成一个"大千世界"。因为"大千世界"包括了一千个"小世界"，一千个"小千世界"，一千个"中千世界"，所以又叫"三千大千世界"。我们现在讲的"大千世界"这个词，就从这里来。但恐怕没几个中国人，能够搞这么清楚。也不是搞不清楚，而是根本就懒得搞清楚。有这份耐心，喜欢掰开了揉碎了，反反复复说事的，中国历史上只有一个墨子。不过，墨子可是被怀疑为印度人的。就算不是印度人，他那种方法，也不对中国人的胃口。所以，他的学说，虽然也兴盛一时，却最终销声匿迹。同样，玄奘到西天取来真经，也没能传下去。为什么？太烦琐。

另外，按照正宗的佛教，修行也是很难的。佛教的戒律，比丘（出家后受过具足戒的男性僧人）二十五戒，分为八种，一共是二百五十条。比丘尼（出家后受过具足戒的女性僧人），分为七种，三百四十八条，号称五百戒。这话说白了，就是你要当个合格的尼姑，得记住三百四十八条不能做。我的妈呀，谁记得住啊！

总之，印度人是最耐烦的，中国人是不耐烦的。中国人从来就认为，一件事情，差不多就行了。所以，**佛教要中国化，就必须简易化**。于是，就产生了两个最简易化的宗派，一个是禅宗，还有一个是净土宗。

净土宗简易吗？简易。简易到什么程度呢？念"阿弥陀佛"就行了。因为净土宗跟禅宗不一样，是相信西方净土的。按照佛教的观点，净土是佛住的地方。佛有无数，净土也无数。但是，影响最大的，是《无量寿经》讲的"阿弥陀佛西方净土"，也叫"极乐世界"。净土宗说，这个最靠谱。为什么最靠谱呢？因为阿弥陀佛是接引佛，他是专门接引善男信女上西天的。而且，阿弥陀佛从天国到人间，是不需要签证，还可以往返N次的。这就是说，你想幸福吗？你想求来生，想生到西方净土去吗？那就念"阿弥陀佛"。阿弥陀佛听见以后，就把你接走了。但是你要注意，死了以后才能去。为了保证你临终之前，不会忘了念阿弥陀佛，平时就要多练习，拿念珠在那儿念。这个中国人喜欢，因为不麻烦。

其实，中国人最喜欢的，除了阿弥陀佛，还有观音菩萨。观音菩萨好啊！第一，观音菩萨的特点，是大慈大悲；任务，是救苦救难。任何人有苦难，她都救助。任何人有问题，她都帮忙。第二，观音菩萨不但跟阿弥陀佛一样，从天国到人间不需要签证，还有千手千眼，万千化身。这就是说，不管你在哪里，只要喊一声，她都听得见，看得见。而且，不管这时有多少苦难，她都忙得过来，因为她有万千化身嘛！所以，中国人最喜欢观音菩萨。生不出孩子，考不上大学，看不好病，甚至升不了官，发不了财，都求观音。

观音菩萨解决现实问题，阿弥陀佛解决归宿问题，这就是中国人对待宗教的态度。也就是说，中国人的要求，是一要简单二要管用。中国人喜欢《周易》，就因为《周易》既简单又管用。现在，净土宗比《周易》还简单还管用，所以净土宗吃得开。

但是，禅宗比净土宗更简单。净土宗还要念阿弥陀佛，禅宗连佛都不用念。六祖惠能的说法，叫"一念悟时，众生是佛"（《六祖坛经·般若品》)。这就是说，只要你觉悟，你就是佛。觉悟，需要多少时间？一刹那。一刹那是多长？七十五分之一秒。只要七十五分之一秒的时间，就能成佛，还有比这更简单的吗？

这就是禅宗的革命。宣布净土无理，佛也是人，创立"人间佛法"。主张读经无用，坐禅无功，创立"简易佛法"。前者去神秘化，后者去烦琐化。**人间佛法解决了理论问题，简易佛法解决了操作问题**。从此，佛教与中国传统文化不再冲突，因为它已经中国化了。

问题是，这样的佛教，它还是佛教吗？

破字当头

的确，禅宗的"身份"是个问题。因为他们不但主张读经无用，坐禅无功，还"呵佛骂祖"，甚至"杀佛杀祖"。呵佛骂祖的代表人物，就是那个烧经书的德山宣鉴。他怎么骂？道是"这里无祖无佛，达磨是老臊胡，释迦老子是干屎橛，文殊普贤是担屎汉"（《五灯会元》卷七）。这就从佛祖，到菩萨，再到禅宗的祖师爷，全骂完了。

主张"逢佛杀佛，逢祖杀祖，逢罗汉杀罗汉"（《临济录》）的，叫临济义玄。临济是寺名，义玄是法号。他是临济宗的创始人。跟德山宣鉴一样，也是惠能的六世法孙，但不同系统。前面说过，六祖圆寂的时候，不再传衣钵。嗣法弟子，也不再只有一个人。其中，有家有业的，有五位；兴旺发达的，是两个，一个青原行思，一个南岳怀让。青原和南岳，是山名；行思和怀让，是法号。这两个，都是二世。南岳怀让，前面说过。他的弟子，是马祖道一。这是三世。马祖道一传法给百丈怀海，这是四世。百丈怀海传法给黄檗希运，这是五世。临济义玄，是黄檗希运的法嗣，所以是六世。德山宣鉴，则是青原行思这个系统的。青原行思传法给石头希迁，这是三世。石头希迁传法给天皇道悟，这是四世。天皇道悟传法给龙潭崇信，这是五世。德山宣鉴是龙潭崇信的弟子，所以也是六世。惠能这两个不同派系的六世法孙，一个"呵佛骂祖"，一个"杀佛杀祖"，可真够意思的了。

够意思的，还有丹霞天然。丹霞天然是惠能的四世法孙，丹霞是山名，天然是法号。这位老兄，原本是儒生。饱读诗书之后，就去长安参加科举考试。路上，遇到一位禅者（学佛的人）。禅者问他到哪里去，他说去考公务员（选官）。禅者说，当公务员，哪里比得上当活菩萨（选官何如选佛）？于是，丹霞天然就跑到江西去找马祖道一。一见面，就用手托着额头，意思是要剃度。马祖道一看了又看，知道这是个不好惹的，就一球踢到石头希迁那里，说石头希迁才是你的老师。丹霞天然又跑到湖南，跑到石头希迁那里，又用手托着额头。石头希迁不吃他那一套，让他进了炊事班。三年后，有一天，石头希迁让学生们到佛殿前铲除杂草。丹霞天然却打了一盆水，洗了头，在石头希迁面前跪下。石头希迁明白，他是要"铲除"自己头上的"杂草"，就为他剃度。剃完，刚要开口说法，丹霞天然捂住耳朵，掉头就跑，又跑回马祖道一那里。回去以后，不拜老师，直接进入僧房，骑在僧人的脖子上。马祖道一没有办法，只好来看他。看了以后，就说了声"我子天然"。这话说起来，大约原本不过马祖道一的感叹，意思是"你倒天真可爱"。谁知丹霞天然马上翻身下地，跪下来说，谢恩师赐法号。从此，他的法号，就叫

"天然"。

前面说过，石头希迁，是青原行思这个系统的，三世。马祖道一，则是南岳怀让这个系统的，也是三世。丹霞天然由石头希迁剃度，马祖道一赐号，等于在两个派系，两个最牛的禅师那里得到了承认，立即就名满天下。青云直上的速度，确实比当公务员快多了。

丹霞天然有了法号以后，又云游四方。有一年，他在洛阳慧林寺。因为天冷，就把木头佛像烧了取暖。院主责问他，他说是要取舍利子。院主说，木头佛像，哪来的舍利子？丹霞天然说，既然没有舍利子，又有什么烧不得？再烧。（《五灯会元》卷五）

好嘛，四世法孙"烧佛"，六世法孙或者"呵佛"，或者"杀佛"。这就是六祖惠能徒子徒孙们干的"好事"！请大家想想，这还是佛教吗？

对不起，还是。而且依我看，还"更是"。

为什么呢？因为**禅宗抓住了佛教的根本**。佛教的根本是什么？两个字：觉悟。请大家想想，什么叫佛？佛是什么？佛，就是佛陀，也翻译为"浮屠""浮图"，是梵文的音译，意思是"觉悟者""觉悟的人"。觉悟这个词，就是从佛教来的。当然，前面说过，成佛，要满足三个条件。第一是自觉，自己觉悟。第二是觉他，让别人觉悟。第三是觉行圆满。符合这三个条件，就是佛。三个条件都不符合，是凡夫俗子。菩萨，有前两个，缺第三个。可见，人与佛、菩萨的区别，就在人不觉悟，佛和菩萨觉悟。这样看，**佛，就是觉悟者。佛教，就是"觉悟的宗教"。觉悟，是成佛的关键**。这是第一点。

明白了这一点，也就明白了什么是"佛性"。佛性，原本是佛陀的本性。后来，发展为**成佛的可能性**。按照前面对佛的理解，也可以解释为**觉悟的可能性**。这就有了第二个问题：成佛或者觉悟的可能性（佛性），是个别人才有的呢，还是所有人都有的？

这个问题，佛教界自己有争议。小乘佛教认为，个别人才有；大乘佛教认为，所有人都有。比如《大涅槃经》的说法，就是"一切众生，悉有佛性"。我们知道，佛教所谓"众生"，不光是指人，阿猫阿狗都是，鬼也是，范围很广。这就是说，不但所有人，就连阿猫阿狗、妖魔鬼怪，都有可能成佛。杀人犯、饿死鬼，也有可能。

这话听起来吓人，但有道理。因为释迦牟尼成佛以后，曾经立下一个宏愿，要"普度众生"。也就是说，他以自己博大的胸怀、伟大的胸襟，要让我们所有这些受苦受难的人，也包括所有受苦受难的生命体，都脱离苦海。这个愿望，就叫普度众生，也叫慈航普度。这是佛教所有宗派都承认的。

不过这样一来，佛教就必须回答一个问题：普度众生可能吗？如果不可能，佛祖的宏愿就没有意义。如果可能，那就必须讲清楚为什么。大乘佛教和禅宗的回答，是可能。为什么可能呢？**因为众生皆有佛性**。既然原本就有佛性，当然可以度。既然都有佛性，当然可以普度。既然可以普度，当然都能成佛。可见，承认"一切众生，悉有佛性"，是为了肯定佛祖的宏愿。不肯定佛祖的宏愿，是不行的。因此，不承认众生皆有佛性，也是不行的。

这就又有了第三个问题：既然众生原本就有佛性，那么，为什么没有成佛呢？禅宗的回答，是**因为我们迷**。迷，就是众生；悟，就是佛。因此，只要觉悟，众生也是佛。相反，如果迷糊，佛也是众生。这就叫"迷即佛众生，悟即众生佛；愚痴佛众生，智慧众生佛"（敦煌本《六祖坛经·见真佛解脱颂》）。佛与众生，只有"一念之差"——迷，还是悟。

于是又有了第四个问题：佛，为什么就智慧；我们为什么就愚痴？或者说，佛，为什么就觉悟；我们，为什么就迷糊？禅宗的回答，是**因为我们执**。什么叫执？执，就是一根筋，死心眼，不开窍，认死理。比如我讲先秦诸子百家争鸣，每次讲完，都会有人问，请问你今天讲的，哪一家最好？这就是典型的执。为什么一定要有最好呢？为什么就不能诸家都有道理，又都有问题呢？他们说，真理只有一个，怎么可能都对？我又只好告诉他，不是都对，是都有道理。因为看问题的立场、方法、角度不同。正所谓"横看成岭侧成峰"，你说是岭对还是峰对？话说到这个份儿上，他们还是眨着眼睛，摇着脑袋，觉得不可思议。

可见，一般人，多数人，都是很容易执的。**执则迷，迷则不悟，叫"执迷不悟"**。这就要**"破执"**。怎么破？办法之一是讲道理。比如大乘佛教，就讲三个道理。第一，不要执着于"我"。我，本来是没有的。因为因缘合和，时空点凑一块了，才出来一个"我"。我，是法造就的，叫"我因法生，我无法有"。这是**"破我执"**。这时，大家就会说，啊，原来如此！那就说"法"吧！这就又执着了，又得告诉大家，法也是空的，万法皆空，死咬住"法"干什么？这叫**"破法执"**。可惜，破了法执以后，人们又会执着于"空"，开口闭口都是空啊无啊，又不开窍了！只好又告诉大家，空也是空的，不要死咬着"空"。这就叫**"破空执"**。

到了这一步，就很难了。空也是空，什么意思啊？空也不能说，那我说啥呀？其实答案很简单，**只要不执着，什么都可说**。

比如，禅宗的主张，是"不立文字"。但，又是《六祖坛经》，又是《五灯会元》，还有"菩提本无树，明镜亦非台"之类的偈，所有这些，难道都不是文字？事实上，单单"不立文字"这四个字，就是文字。所以，**要紧的不是"不立文字"，而是不执着于文字**。我在武汉大学作家班上课，讲禅宗。讲完以后，有位作家说，我明白了，这门功课考试的时候，我就交一张白卷，不立文字嘛，对不对？我说，可以啊，没有问题。只不过，等你要成绩的时候，我就笑一下。他听了也笑，算是明白了。

看来，讲道理，未必管用。你跟他讲不立文字，讲读经无用，坐禅无功，他又会执着于不读经，不坐禅，不立文字。这同样是执。破字当头，真是谈何容易！

那么，又该如之何呢？

自由之路

也只有一个办法：动用非常手段。

禅宗的非常手段，有很多，比如**"棒喝"**。棒，就是打；喝，就是吼。代表人物，则是前面说过的临济义玄和德山宣鉴，号称"德山棒，临济喝"。其实，这两种手段，他们两个都用。其他人，也用，或者用类似的方法。比如水潦和尚，是马祖道一（三世）的弟子。第一次见面，就问了一个重要问题：菩提达摩祖师爷从西边来，是什么用意？马祖道一说，你先礼拜！水潦和尚刚刚躬身，马祖就飞起一脚，当胸把他踢倒。于是水潦大悟，一骨碌爬起来，呵呵大笑而去。事隔多年，水潦和尚提起这事，还乐不可支，道是"自从一吃马师踏，直至如今笑不休"（《五灯会元》卷三）。看来，这是个喜欢挨打的。

当然，禅宗的手段，也并非只有"棒喝"。文不对题，答非所问，也是方式之一。只不过，这种方式，要叫**"机锋"**。比较突出的，赵州从谂（读如审）要算一个。赵州，是地名；从谂，是法号。他是南泉普愿的法嗣。南泉普愿，则是马祖道一的法嗣。马祖道一的接班人，有前面说过的百丈怀海，也有现在说的南泉普愿。他们两个，都是四世。百丈怀海的法嗣，有临济义玄的老师黄檗希运（檗读如波，去声）。南泉普愿的法嗣，则有赵州从谂等人。所以，赵州从谂和黄檗希运，都是五世，还打过交道。据说，赵州从谂曾经去见黄檗希运。黄檗希运见他来了，就紧闭方丈门。赵州见他关门，就在法堂内高举火把，大叫救火。黄檗只好开门，一把抓住他，大叫了两声"道"。于是，赵州说了句"贼过后张弓"，就走了。

不过，黄檗希运和赵州从谂，风格不同。黄檗喜欢打人，赵州喜欢胡说。比如有人问前面那个问题——"如何是祖师西来意"，黄檗的回答是谁问打谁，赵州却回答说"庭前柏树子"。所以，黄檗和赵州，是一武一文，但同样都莫名其妙，让人丈二和尚摸不着头脑。比如，因为赵州从谂喜欢讲"柏树子"，便有人问他，柏树子也有佛性吗？赵州说有。那人又问，什么时候成佛？赵州说，等到虚空落地时。那人再问，虚空什么时候落地？赵州说，等到柏树子成佛时（《五灯会元》卷四）。这种回答，其实等于不回答。

这就奇怪。禅宗，为什么要这样呢？

其实，棒与喝，还有胡说八道，跟呵佛骂祖一样。目的，都是

直截了当地破执。请大家想想，众生为什么执？无非认死理。为什么认死理呢？又因为一般人心目中，总会有某种神圣的东西，或者不能没有的东西。在他们看来，这种神圣的东西，一定代表着永恒而普遍的真理。这样的"理"，岂能不认，又岂能不"死认"？不能没有的东西，比如"我自己"，就更得"死认"。死认，就执着了。为了破执，就只能把这些东西也都予以破除。

那么，对于佛教徒来说，最神圣的是什么？一是佛，二是祖，三是经书。所以，要先拿这三个开刀。擒贼先擒王，树倒猢狲散。最神圣的三个，都可以不当回事，还有什么可执着的呢？什么都没有了。包括不能没有的"我自己"，也没有了。

否定自己，也有故事。故事，是兴善惟宽的。兴善惟宽，跟前面说过的百丈怀海、南泉普愿一样，也是马祖道一的法嗣。兴善，是寺名；惟宽，是法号。《五灯会元》卷三说，有人问兴善惟宽，狗也有佛性吗？惟宽说，有。那人又问，和尚你有吗？惟宽说，我没有。那人说，一切众生，都有佛性，为什么你就偏偏没有？惟宽说，我不是一切众生。那人便问，既然不是众生，莫非是佛？惟宽说，我不是佛。那人又问，既不是佛，也不是众生，那你是什么东西？惟宽说，也不是东西。

话说到这个份儿上，就把什么都否定了。那又怎么样呢？**什么都否定了，就什么都不必否定了**。吃饭睡觉可以有，娶妻生子可以有，建功立业可以有，升官发财可以有，甚至就连偷鸡摸狗、杀人放火，也可以有。为什么这个也可以有？因为禅宗的主张，是众生皆有佛性，人人皆可成佛。那么，坏人有没有佛性？坏人能不能成佛？这个问题，原先是有争议的。后来，大家的意见趋向于统一，认为必须承认坏人也有佛性，也能成佛。否则，普度众生，仍然会有问题。有问题，也不是说不能兑现。事实上，众生得到普度，至今仍未实现。那又有什么问题？理论上有问题。既然众生皆有佛性，人人皆可成佛，坏人怎么就没有，就不能？讲不通嘛！当然，禅宗决不主张和鼓励做坏事。他只是说，做了坏事也不要紧，能够觉悟就好。觉悟了，佛性就显现出来了。所以，你受苦受难，没关系。罪孽深重，也没关系。只要觉悟，就能解脱。这就叫"苦海无边，回头是岸"，也叫"放下屠刀，立地成佛"。

这样一来，事情就好办了。怎么好办？该干吗，还干吗呗！而且，按照禅宗的观念，佛法就在人间，悟道当然也就在世俗之中。所以，禅师绝不会传授什么"独门绝技"，也不会给你什么"灵丹妙药"，他只会让你到生活中去。《五灯会元》卷四说，有一个僧人到赵州从谂那里求学，说弟子初入禅林，请大和尚慈悲，指点迷津。赵州说，喝粥了吗？这个和尚说，喝了。赵州说，洗碗去。这个人忽然就觉悟了。

还有一次，寺院里面新来了一些学生。赵州和尚去看他们，问当中一个说，你以前到过我们寺院吗？这个学生说，弟子来过。赵州和尚说，好，吃茶去。又问另一个，这个学生说，弟子没有来过。赵州和尚说，好，吃茶去。这下子，寺院的院主就看不懂了，就问赵州：大和尚，这一个是来过的，你让他吃茶去。那一个是没来过的，怎么也让他吃茶去？赵州和尚大声说，院主！院主说，在！赵州说，吃茶去！

原来学佛参禅、修行悟道，就是吃饭睡觉、洗碗吃茶。难怪禅宗是人间的佛法，简易的佛法，是"以有为求无为"。问题是，一样吃饭睡觉，佛与众生，又有什么区别？

这个问题，有人问过。问谁？大珠慧海。大珠慧海，跟前面说过的百丈怀海、南泉普愿、兴善惟宽一样，也是马祖道一的法嗣。《五灯会元》卷三说，有一天，大珠慧海那里，来了个"律师"。当然，这里说的，不是今天帮人打官司的那个。佛家所谓"律师"，是指善于背诵讲解经书戒律的僧人。讲律的，是"律师"；参禅的，是"禅师"。道不同，原本不相为谋。但那个律师，要来刁难大珠慧海这个禅师，就问：你们禅师，也用功吗？大珠慧海说，用功呀！那律师又问，怎样用功？大珠慧海说，饿了就吃，困了就睡。律师就说，但凡是人，无不如此。他们跟和尚的用功，又有什么不同？大珠慧海说，那些人呀，他们"吃饭时不肯吃饭，百种须索；睡时不肯睡，千般计较"。一句话，他们想不开！想不开，则吃饭不是吃饭，睡觉不是睡觉；想得开，则吃饭是吃饭，睡觉是睡觉。这就是佛与众生的区别。

现在大家明白了吧？什么是"迷"？**迷就是想不开**。什么是"悟"？**悟就是想得开**。佛与众生，可不就只有"一念之差"？既然只有"一念之差"，那么，甭管什么人，甭管他干什么，也甭管什么时候，岂非都可以成佛？

当然可以。禅宗的公案中，处处有这样的故事。什么叫**"公案"**？公案和机锋，是有关系的。前面说过，禅师为了让学人开悟，往往要使用非常的手段。这些非常手段，就叫"机锋"，意思是抓住某个机缘，利用某种机会，在适当的时机，给学人锋利的一刺。手段，主要是语言。广义地说，棒喝、不说话、打哑谜，也算。因为用语言，目的也是破执，跟"当头棒喝"没有区别。这样的案例，就叫"公案"。前面说的许多故事，就是公案。

公案，是前辈禅师创造出来，可以给后辈禅师做参考的。所以，禅师不读经书，却读公案。比如龙门清远，就是读公案开悟的。龙门清远，是北宋禅师，龙门是寺名，清远是法号。《五灯会元》卷十九说，在一个寒冷的冬夜，清远独自一人坐在炉前。他有一搭没一搭地用木棍拨弄着炉灰，忽然看见炉灰深处，有一火如豆，便觉得若有所悟。于是急忙翻阅《传灯录》。读到其中的一个公案，恍然大悟，从此成为"得道高僧"。

其实，就在拨灰见火那一刻，清远便已经悟了。因为他说了一句非常有意思的话：

> 深深拨，有些子；平生事，只如此。

是啊，参禅、悟道、成佛，乃至整个人生，也都不过如此。只要你"深深拨"（破执），就总会"有些子"（觉悟）。所以，**处处可以悟道，事事可以修行，时时可以成佛**。哪怕当时，你只是在拨弄炉灰。

这，就是禅宗为众生开辟的成佛之路。无疑，这是一条自由之路。

只许佳人独自知

的确，觉悟是成佛的关键，也是禅宗的底线。

禅宗有一个非常有名的故事，叫"野狐禅"。这故事说，马祖道一的法嗣百丈怀海讲课的时候，总有一位老人随堂来听。有一天下课，学生们都走了，他不走。百丈怀海就问，你到底是什么人？老人说，我不是人。五百年前，我也是和尚。只因为一句话没答对，结果投胎变成了野狐狸。因此，恳请大和尚慈悲，告诉我应该怎样回答，以便我重新做人。

这个麻烦大了。一句话不对，和尚就会变成狐狸，到底是什么话呀？原来，这个人五百年前做和尚的时候，有一个学生问他，有大修行的人，还会落入因果报应、六道轮回吗？这人想，我们佛家修行，不就是要脱离因果报应、六道轮回吗？有大修行的人，当然不会再落入。于是就老老实实回答，说"不落因果"。好嘛，他自己变成野狐狸了。

听完老人的陈述，百丈怀海就说，那你再问我一次。老人就问，有大修行的人，还会落入因果报应、六道轮回吗？话音刚落，百丈怀海就应声答道："不昧因果。"老人恍然大悟，然后躬身答谢说，我已经脱胎换骨了。(《五灯会元》卷三)

这故事很能说明问题。表面上看，"不落因果"和"不昧因果"，只有一字之差。结果呢，却有天壤之别。因为"不落因果"还是"执"，执着于因果，只有不被因果蒙蔽、束缚（**不昧因果**），才真正是悟。所以，后人便把并未开悟却妄称开悟的，称为"野狐禅"。

觉悟，岂非很重要？

可惜，觉悟这件事，是说起来容易，做起来难。它需要悟性，需要慧根。否则，就是鸡同鸭讲。《五灯会元》卷三说，有一个人，曾经向前面说过的兴善惟宽请教。他说，请问大和尚，道在哪里？惟宽说，就在眼前。那人说，既然就在眼前，我怎么看不见？惟宽说，因为你有"我"，所以看不见。那人说，我有"我"，所以看不见。那大和尚你，看得见吗？惟宽说，又有你，又有我，更看不见。这个人就觉得自己明白了，便又问，那么，没有我也没有你，就看得见了吧？惟宽法师说，没有你也没有我，谁看啊？

这话意味深长。是啊，"无汝无我，阿谁求见"？我也没了，你也没了，还需要成佛吗？谁成佛啊？事实上，在禅宗看来，**成佛，正是为了每个人自己**。所谓"普度众生"，无非是为了让每个人都脱离苦海。但，每个人都是一个个体，每个人都只有一个人生，每个人的人生也只属于他自己。因此，**成佛，是每个人自己的事**。你不开窍，佛也没有办法。

由此可见，**禅宗所谓"开悟"，其实是"找回自己"**。这样的公案，也有很多，比如寿州良遂开悟的故事就是。寿州良遂，是麻谷宝彻的弟子。麻谷宝彻，跟前面说过的百丈怀海、南泉普愿、兴善惟宽、大珠慧海一样，也是马祖道一的法嗣。《五灯会元》卷四说，寿州良遂求学时，麻谷宝彻不见他，自己扛了把锄头去锄草。良遂跟到地里，麻谷看都不看他一眼，又掉头回方丈，还把门关起来。第二天，良遂又去见麻谷，麻谷又关门。良遂就敲，麻谷就问：是谁？良遂应声答道：良遂！也就在这一刻，良遂突然觉悟。麻谷也知道他悟了，便对众人说：你们知道的，良遂都知道；你们不知道的，良遂也知道。

这事玄妙。良遂知道什么呀？知道良遂是良遂。知道良遂是良遂，怎么就什么都知道了呢？因为他发现了自我，找回了自我。那又怎么样？就可以成佛了。为什么？因为在禅宗看来，佛就是自我。在《六祖坛经·付嘱品》里，惠能说：

我心自有佛，自佛是真佛；自若无佛心，何处求真佛？

　　这就是麻谷不见良遂的原因。我又不是佛，你找我干什么？佛就在你心中，你自己怎么不去找？相反，当良遂知道良遂是良遂时，他就找到了真佛，获得了最高智慧。所谓"诸人知处，良遂总知；良遂知处，诸人不知"，无非是说，良遂知道的，是最该知道的。那些可知道可不知道的，无所谓。

　　显然，成佛的关键在觉悟，觉悟的关键在自我。问题是，既然如此，兴善惟宽为什么又要说"汝有我故，所以不见"呢？因为禅宗的主张，是"找回自我"，不是"执着于我"。只要能"找回自我"，用什么方式，在什么时候，都无不可。

　　比如北宋禅师昭觉克勤，就是因为一首艳诗开悟的。昭觉克勤，是前面说过的龙门清远的师兄弟，五祖法演的弟子。五祖，是山名，也就是五祖弘忍住过的双峰山；法演，是法号。《五灯会元》卷十九说，有一天，一位官员前来请教，法演便对他说了两句艳诗，叫"频呼小玉元（原）无事，只要檀郎认得声"。小玉，是丫鬟的代称；檀郎，是情郎的代称。我在《魏晋的风度》中讲过，西晋有个美男子潘岳。他的小名，就叫"檀奴"。所以，后世的女子，便把自己钟情的男子，叫作"檀郎"，意思是"帅哥"。这诗的意思也很清楚：小姐频繁地呼叫丫鬟，其实啥事都没有。只不过是想让情郎帅哥哥，听见自己的声音罢了。

　　法演念完艳诗，结果如何呢？那官员唯唯诺诺，其实一头雾水，昭觉克勤却悟了。为什么悟了？因为他突然明白，佛家的坐禅、修行也好，禅宗的机锋、棒喝也好，其实都不过"频呼小玉元无事"。目的，是通过觉悟而成佛。因此，要紧的，是"只要檀郎认得声"（开悟）。于是，昭觉克勤便写了一则"开悟偈"，最后两句居然是：

少年一段风流事，只许佳人独自知。

也就是说，正如少年时代的风流韵事，只有我和她知道，也只需要我和她知道。悟与不悟，成不成佛，同样只有我和佛知道，也只需要我和佛知道。禅宗，岂非**自我的佛法**？

但是，要"找回自我"，又必须"破除自我"。因为一个人最容易执着、最难破除的，就是"我"。因此，**破我执，才能知真佛**。这其实很难。比如，有一位法号叫玄机的尼姑，就自以为做到了，却其实没做到。玄机，有人说是六祖惠能的女弟子，也有人说是惠能法嗣永嘉玄觉的女弟子。所以，这个公案，就记载在《五灯会元》卷二。这公案说，有一次，尼姑玄机去见和尚雪峰。雪峰，有人说是雪峰义存。但雪峰义存是德山宣鉴的弟子，要算七世。玄机呢？少说也得算三世，辈分差得太远。因此也有人认为，这故事当中的雪峰，不是义存，是另一个雪峰。这个我们也不去管他。总之，玄机见到雪峰以后，雪峰就问她从哪里来。玄机说，大日山。雪峰说，大日山出太阳了吗？玄机说，要是出太阳，那就融化雪峰了。雪峰一听来者不善，就问她的法号。玄机回答说：玄机。雪峰就问，你这个"玄机"，一天织多少布？玄机的回答很雷人，说是"寸丝不挂"。显然，这是双关语。意思是说，我这个"织布机"，一根丝都没有。我这个人，也一丝不挂。因为我已经彻底"忘我"。"我"都没有了，挂什么？玄机说完这话，行了个礼就往外走，雪峰就送她出门。玄机在前面走，雪峰在后面送。走了几步以后，雪峰突然说，玄机师太，你的袈裟拖在地上了。玄机马上回头看，因为袈裟拖到地上是不好的。于是雪峰说，呵呵，好一个"寸丝不挂"！

看来，禅宗不仅是**人间的佛法，简易的佛法，自我的佛法，也是智慧的佛法**。智慧与知识不同。知识属于社会，智慧属于个人；知识可以授受，智慧只能启迪。唯其如此，禅宗才会有那么多层出不穷又千奇百怪的机锋与公案。因为学佛的人固然要有慧根，开悟的人也必须有机智。显然，禅宗的否定，不是否定，是肯定。或者说，是否定之否定。事实上，**他们否定的是执着，肯定的是自由；否定的是教条，肯定的是自我**。因此，只要不执着，什么都可说，什么都可做，什么都能有。但智慧的获得，却只能靠每个人自己。

于是，禅宗就从佛法变成了一种境界。这种境界，可以用宋代罗大经《鹤林玉露》所载，一位不知法号的尼姑所作《开悟偈》来象征：

> 尽日寻春不见春，芒鞋踏遍陇头云。
>
> 归来笑拈梅花嗅，春在枝头已十分。

那么朋友，你看见春光了吗？

（全书完）

易中天

1947年出生于长沙。
曾在新疆工作，先后任教于武汉大学、厦门大学。
现居江南某镇，潜心写作。

读懂中国系列：

《中国人的智慧》
《中国的男人和女人》
《读城记》
《品人录》
《大话方言》

中国人的智慧

作者 _ 易中天

产品经理 _ 林昕韵　　装帧设计 _ 朱镜霖 祝小慧　　产品总监 _ 王光裕

技术编辑 _ 白咏明　　责任印制 _ 刘世乐　　出品人 _ 贺彦军

营销团队 _ 魏洋 马莹玉 毛婷

鸣谢（排名不分先后）

刘朋 陆如丰 王维剑 张晨 孙谆 王菁 周颖 anusman

果麦

www.guomai.cn

以 微 小 的 力 量 推 动 文 明

图书在版编目（ＣＩＰ）数据

中国人的智慧／易中天著. —— 昆明：云南人民出版社，2024.5（2024.7重印）
ISBN 978-7-222-22741-5

Ⅰ.①中… Ⅱ.①易… Ⅲ.①中华文化—研究 Ⅳ.①K203

中国国家版本馆CIP数据核字（2024）第076086号

责任编辑：李　睿
助理编辑：杜佳颖
责任校对：刘　娟
责任印制：李寒东

中国人的智慧
ZHONGGUOREN DE ZHIHUI

易中天　著

出版	云南人民出版社
发行	云南人民出版社
社址	昆明市环城西路609号
邮编	650034
网址	www.ynpph.com.cn
E-mail	ynrms@sina.com
开本	880mm×1230mm　1/32
印张	7.25
印数	15,001-20,000
字数	161千
版次	2024年5月第1版　2024年7月第2次印刷
印刷	嘉业印刷（天津）有限公司
书号	ISBN 978-7-222-22741-5
定价	49.80元